Mario Porten

Das knallrote Cabrio

52 Impulse zur Selbstreflexion

AF284133

Mario Porten

Das knallrote Cabrio

52 Impulse zur Selbstreflexion

Impressum

2. Auflage 2021

Umschlaggestaltung: Mario Porten; mit freundlicher Genehmigung Pixabay; Umschlagbild vorne Fotograf: ileukers; Bildnachweise innen: Alexas_Fotos; Ryan Mc Guire; free_photos; Sabine Vanerp; terimakasiho; Pixource.

Bibliografische Information der Deutschen Nationalbibliothek:

Die Deutsche Nationalbibliothek verzeichnet diese Publikation in der Deutschen Nationalbibliografie; detaillierte bibliografische Daten sind im Internet über https://dnb.dnb.de abrufbar.

Herstellung und Verlag: BoD – Books on Demand, Norderstedt

ISBN: 9783752670233

Vorwort

„Wofür arbeiten wir beide zusammen?", diese Frage steht immer am Anfang meiner Zusammenarbeit mit einem neuen Klienten. Die Antwort, die ich bekomme, lautet meist so ähnlich wie: „Also, ich habe folgendes Problem…". Das ist natürlich keine Antwort auf meine Frage, aber das erwarte ich auch gar nicht. Die Zielfindung ist im Coaching schließlich die erste, sehr wichtige Intervention und bedarf Zeit. Oft habe ich inzwischen erlebt, dass allein die Zielfindung für meine Coachingnehmer bereits der halbe Weg zum Erfolg war.

Die Problem-Antwort ist typisch für die spontane Reaktion vieler Klienten, weil sie zeigt, wie es ihnen gerade geht. „Problem", das ist bei uns ein klar negativ besetzter Begriff. Wenn ich ein „Problem" habe, kann es mir nicht gut gehen. Probleme belasten uns, hemmen uns und machen uns das Leben schwer. Doch wer entscheidet, dass wir ein „Problem" haben? Das tun wir ganz allein – wir selbst definieren eine bestimmte Situation als „Problem". Und schon fühlen wir uns schlecht.
Probieren Sie es am besten gleich aus und sagen Sie zunächst:
„Ich habe ein massives Problem."
Danach sagen Sie:
„Ich stehe vor einer spannenden Herausforderung!"

Und? Fühlt sich beides gleich an?

Wahrscheinlich nicht und damit sind wir mittendrin in der Beschreibung von Wahrnehmung und Konstruktivismus[1].

Probleme gibt es nicht, sie werden gemacht, und zwar von uns! So erlebe ich denn auch viele meiner Klienten und das ist sehr wertschätzend gemeint. In ihrer aktuellen Bewertung der gegenwärtigen Situation erleben sie sich hilflos, ausgeliefert, machtlos oder ähnlich. Sie sind es aber nicht, ihre Kompetenzen, ihre Stärken, ihre Lösungsideen sind alle noch da, nur der Zugang dazu ist ihnen gerade nicht möglich.

Deshalb ist Business Coach so ein spannender Beruf: Jedes Mandat beinhaltet eine neue Suche nach anderen Sichtweisen, nach verlorengeglaubten Kompetenzen, nach neuen Wegen, nach mehr Zufriedenheit und dadurch auch mehr Erfolg. Es wiederholt sich nichts, jeder Mensch ist einzigartig, jeder Fall ist einzigartig.

Immer wieder ist meine wichtigste Aufgabe als Coach, Perspektiven zu verändern, neue Blickwinkel zu eröffnen und meinen Klienten zu ermöglichen, ihre Bewertungen zu überprüfen. Hätten Sie nicht auch lieber spannende Herausforderungen anstelle von massiven Problemen?

> *Probleme kann man niemals*
> *mit der gleichen Denkweise lösen,*
> *durch die sie entstanden sind.*
> *Albert Einstein*

Meine Impulse zielen darauf ab, Ihnen eine Möglichkeit zu bieten, Dinge neu zu bewerten und damit für sich

---

[1] Sammelbegriff für unterschiedliche erkenntnis-theoretische Konzepte, die davon ausgehen, dass Menschen mit ihren Wahrnehmungen die Welt nicht einfach „abbilden" können, sondern sie „konstruieren".

neue Handlungsmöglichkeiten zu erkennen und umzusetzen, genau wie meine Klienten. Irgendwann habe ich begonnen, jeden Samstag einen solchen Impuls in meinem Blog zu veröffentlichen. Wenn Sie schon einmal darin gelesen haben, wird Ihnen der ein oder andere Impuls sicher bekannt vorkommen.

Ich möchte Ihnen gerne eine Empfehlung für die Lektüre meines Buches geben:

Sie könnten es in einem Zug durchlesen und danach überlegen, welcher Impuls für Sie besonders gut passt und Sie inspiriert. Ich gehe nicht davon aus, dass Sie alle Impulse begeistern werden, das kann nicht das Ziel sein. Ein Impuls entfaltet seine Wirkung in der Regel nur dann, wenn wir über ihn auch nachdenken. Lesen wir allerdings viele Impulse auf einmal, dann ist dies weitaus schwieriger, weil sich die einzelnen Aussagen vermischen.

Ich würde mir daher wünschen, dass Sie nach jedem Impuls innehalten und ihn auf sich wirken lassen. Daher habe ich nach jedem Impuls eine leere Seite eingefügt, die es Ihnen ermöglicht, Ihre eigenen Gedanken festzuhalten – wenn Sie das denn möchten.

Sie haben vielleicht schon bemerkt, dass die Zahl von 52 Impulsen bewusst mit der Anzahl der Wochen im Jahr korrespondiert. Sich einen Wochentag auszusuchen, an dem Sie jeweils einen Impuls lesen, der Sie dann durch die Woche begleitet, könnte also auch eine Art und Weise sein, dieses Buch zu lesen.

Die Impulse müssen Sie nicht chronologisch lesen, denn außer den Impulsen 1.14 und 1.15, die die Ausnahme von der Regel bilden, bauen diese nicht aufeinander auf.

Übrigens, warum heißt dieses Buch „Das knallrote Cabrio"? Die Antwort ist ganz einfach: Vor einigen Jahren arbeitete ich mit Maik, Anfang 40, Vorstand eines größeren Mittelständlers. Er stand vor einer Entscheidung, die sein Leben nachhaltig verändern sollte, nämlich weitermachen wie bisher oder alles aufgeben und etwas komplett neues anfangen. Er stand in seiner Intervention in der Position des Neuanfangs und ich fragte ihn: „Wenn diese Position ein Auto wäre, wie sähe das aus?" Sie ahnen die Antwort bereits, denn er riss die Arme nach oben und sagte mit leuchtenden Augen: „Das ist ein knallrotes Cabrio!"

Nur wenige Minuten vorher hatte er in der Position gestanden, in der er weitermachen würde wie bisher. Das war immerhin eine Anstellung mit Sekretärin, Fahrer und sechsstelligem Gehalt. Auch hier hatte ich ihn gebeten, ein Auto als Metapher zu suchen und seine Antwort hatte mich zusammenzucken lassen: „Das ist ein Leichenwagen."

Ein paar Monate später kaufte er sich tatsächlich ein Cabrio, nur rot war es nicht.

Ich danke Ihnen dafür, dass Sie mein Buch in Händen halten, viel Spaß bei der Lektüre und hoffentlich viele wertvolle Impulse auf Ihrem Weg vom Problem zur Herausforderung.

Bad Segeberg, im Herbst 2020
Mario Porten

1 Innere Einstellung

The way we choose to see the world
creates the world we see.

Barry Neil Kaufmann

1.1 Fehler sollten Ihre Freunde sein

Erfolg ist das eine Prozent deiner Arbeit,
das aus 99 Prozent Fehlern entsteht.
Soichiro Honda

„Nur keinen Fehler machen" - das bremst uns immer wieder aus - bewusst oder unbewusst. Wie gehen die anderen damit um, wenn wir einen Fehler machen? Schuldige suchen - das steht in Deutschland hoch im Kurs. Was die anderen machen, können wir nicht ändern, deshalb schließt sich die Frage an:

Wie gehen Sie mit (Ihren) Fehlern um?

Schimpfen Sie mit sich, etwa: „Man, bist Du blöd, wie konnte Dir so etwas passieren?" Noch schlimmer, werten Sie sich vielleicht sogar ab: „Du bist einfach nicht gut genug, Du schaffst das nie!"

Nachvollziehbare und ganz menschliche und doch wenig hilfreiche Reaktionen. Vielleicht haben Sie auch einen dominanten Antreiber[2], der „sei perfekt" heißt? Bloß keine Fehler machen! In manchen Situationen ist das sicher richtig und wichtig, so wünschen wir uns doch alle einen Fluglotsen der fehlerfrei arbeitet, wenn wir uns gerade im Landeanflug auf einen verkehrsreichen Flughafen befinden. In anderen Konstellationen kann dieser

---

[2] Das in der Psychologie entwickelte Modell der inneren Antreiber geht davon aus, dass wir fünf „innere Antreiber" haben, die für unser Handeln ausschlaggebend sind. Sie sind bei jedem unterschiedlich stark ausgeprägt. Einer davon ist der Antreiber: „Sei perfekt!"

Antreiber aber auch hinderlich sein, weil er die oftmals völlig ausreichende 90%-Lösung verhindert und wir nie fertig werden.

Wie dem auch sei, zielführender als innere Beschimpfungen oder Abwertungen sind Fragestellungen wie etwa: „Warum ist mir das passiert? Was war eigentlich meine positive Absicht? Was mache ich beim nächsten Mal anders? Was kann ich aus diesem Fehler für ähnliche Situationen lernen?"

Niemand kommt ohne Fehler durchs Leben. Mit ihnen zielführend umzugehen, sie als Chance zum Besserwerden zu definieren und den gleichen Fehler nicht zweimal zu begehen, darauf kommt es an.

„Genau", schreit jetzt eine innere Stimme in Ihnen, so sollte es vor allem in meiner Firma sein! Dort wird aber immer nur nach Schuldigen gesucht und nicht nach Lösungen. Ja, leider ist das auch nach meiner Beobachtung so, die Fehlerkultur in vielen Firmen ist immer noch deutlich verbesserungsfähig, damit Fehler viel mehr als Chance für die Zukunft verstanden werden. Erste Ansätze sind mit NEW WORK auf dem Weg, aber mehr ist es noch nicht. Und bis wir in Deutschland flächendeckend eine neue und konstruktive Fehlerkultur haben, wird es dauern.

Gerade deshalb ist meine Botschaft an Sie:

Fangen Sie bei sich selbst mit einer Einstellungsänderung an, das geht nämlich sofort, Sie müssen auf niemand anderen warten! Nutzen Sie Ihre Fehler als Entwicklungschance und freuen Sie sich, dass Sie besser werden können! Nutzen Sie die Fehler anderer ebenfalls als Chance und geben Sie damit sowohl sich aber auch dem Betreffenden, der den Fehler gemacht hat, die Möglichkeit zur Entwicklung und Verbesserung.

Sie müssen auf niemanden warten, damit Fehler Ihre Freunde werden – fangen Sie einfach damit an!

Freiraum für Ihre Gedanken

1.2 Im Jammertal

Man muss ins Gelingen verliebt sein,
nicht ins Scheitern.
Ernst Bloch

In den letzten Jahren habe ich immer wieder in sehr großen Veränderungsprojekten gearbeitet, bei denen oft viele tausend Menschen in börsennotierten Unternehmen betroffen waren.

Vor einiger Zeit bereitete ich mich mal wieder auf eine Projektsitzung eines solchen großen und bundesweiten Projektes vor. Der Mandant hatte aus unterschiedlichen Quellen Stimmen der Mitarbeiter zusammengetragen, die ich lesen sollte, weil sie in der Sitzung diskutiert werden sollten.

Es war einfach – Entschuldigung – grausam: das gefällt mir nicht, jenes sollte getan werden, hier passt es nicht, die andere Abteilung macht nicht… . So ging es seitenweise. „Verliebt ins Jammern" nenne ich das. Mein Energiepegel für diese Sitzung war nach der Lektüre bei null Prozent. Die wirklich wichtigen bundesweiten Kennziffern waren nämlich intern so gut wie nie zuvor und auch die Kundenzufriedenheit war deutlich gestiegen. Das waren die unternehmensweiten Fakten.

Am nächsten Morgen herrschte denn auch gedrückte Stimmung im Saal, bis der Projektleiter, ein hochrangiger Konzernmanager, den Raum betrat und sofort loslegte:

„Unsere Zufriedenheitswerte im Unternehmen waren nie besser als aktuell, unsere Kunden waren mit uns nie zufriedener als heute! Was können wir tun, damit beides genau so bleibt und noch besser wird?"

Sie ahnen es, es war wie eine Energieinjektion! Meine Energie war schlagartig bei 100% und den meisten im Saal ging es ebenso. Schlagartig war der Fokus auf Fragestellungen, wie es noch besser, einfacher, erfolgreicher, kunden- und mitarbeiterfreundlicher und vor allem leichter werden kann.

Und Sie? Lieber noch eine Runde jammern oder doch gleich ins Gelingen verlieben?

Freiraum für Ihre Gedanken

1.3 Mutig sein

Vielleicht kennen Sie das auch: Sie würden gerne mal etwas Neues ausprobieren, einen Neuanfang wagen, nochmal etwas ganz anderes tun im Leben, aber irgendetwas hält Sie wie magisch zurück.

Dieses „Etwas" hat viele Namen: Es heißt zum Beispiel „Erfahrung", die wir für das Neue nicht haben. Es heißt auch „Ungewissheit", denn bei etwas Neuem wissen wir natürlich nicht, was kommt. Es heißt auch „Verantwortung", denn ich habe schließlich Familie und Verpflichtungen.

Das „Etwas" hat viele weitere Namen, Sie finden sicher sofort noch ein paar davon.

Diese Reaktion ist ganz natürlich, denn um etwas Neues zu beginnen, müssen wir auch mit etwas aufhören, etwas aufgeben, tauschen Gewohnheit und Sicherheit gegen Unerfahrenheit und Risiko. Das tun wir Menschen nun mal nicht gern und diese Schutzmechanismen haben auch ihre Berechtigung.

Doch wie alles im Leben haben auch die Schutzmechanismen zwei Seiten – sie geben uns Halt und sie halten uns auch fest. So entsteht schnell die innere Zerrissenheit der positiven Aspekte auf der einen Seite (vielleicht mehr Selbstbestimmtheit, mehr interessante Themen, mehr zeitliche Flexibilität, o.ä.) und der Gefahren auf der anderen Seite (was, wenn ich scheitere?, Gefahr des Einkommensverlustes, o.ä.).

Dazu eine kleine „Heldengeschichte":

Vor inzwischen 10 Jahren rief mich eine gute Freundin in genau dieser Situation an und wir sprachen lange über einen möglichen Neuanfang in ihrem Leben. Sie brauchte Mut, denn sie überlegte als Mutter von drei schulpflichtigen Kindern ihren sicheren Job im öffentlichen Dienst zu kündigen und sich in meiner Branche selbständig zu machen. Ihr Einkommen wurde in der Familie allerdings gebraucht, was also, wenn sie scheiterte?

Ich kürze ab, denn Sie ahnen bereits, wie diese Heldengeschichte ausgegangen ist. Wir suchten Ihre Kompetenzen zusammen, sie hatte alles, was es braucht, um erfolgreich zu sein. Wir fassten die Dinge zusammen, die sie schon nebenberuflich vorbereitet hatte, sie war bereit. Wir formulierten einen Plan B, wenn es doch nicht funktionieren sollte.

Sie kündigte und stürzte sich in die Selbständigkeit. Wenn ich den jährlich veröffentlichten Statistiken glauben darf, dann gehört sie inzwischen seit vielen Jahren mindestens zu den TOP 15% der selbständigen TrainerInnen in Deutschland – bravo!

Inspiriert? Seien Sie mutig!

Freiraum für Ihre Gedanken

1.4 Unzufrieden abwarten

Unzufriedenheit ist der erste Schritt zum Erfolg.
Oscar Wilde

Wenn ich Sie fragen würde, womit Sie gerade unzufrieden sind, dann fällt Ihnen sofort einiges ein?

Und, wie sieht es aus – haben Sie schon beschlossen, das zu ändern? Oder haben Sie sogar schon begonnen, entsprechende Maßnahmen umzusetzen? Oder Sie damit vielleicht schon fertig und können mir eine Erfolgsgeschichte erzählen, wie Sie das gemacht haben, damit ich Sie an meine Klienten weitergeben kann?

Nichts von alledem? Sie befinden sich nach wie vor im Zustand der Unzufriedenheit?

Leider erlebe ich das immer wieder, eigentlich sind meine Coachingnehmer unzufrieden, aber sie ertragen lieber die Situation, anstatt den ersten Schritt zu tun, die Situation zu verändern und zu verbessern.

Warum ist das so? Die Gründe sind natürlich vielfältig, aber immer wieder begegne ich dem, was ich die Einstiegshürde nenne. Den ersten Schritt zu tun, daran scheitern die meisten, denn oftmals ist dieser erste Schritt gefühlt schlicht unangenehm. Was könnte so ein erster Schritt sein?

Es ist vielleicht ein Gespräch mit einem Kollegen, über den ich mich schon lange ärgere? Oder gar ein Gespräch mit dem Chef, weil mich die Arbeitsbedingungen auffressen? Eine Einstiegshürde ist aber oft auch das Anfangen als solches, ich möchte mehr Sport machen, doch immer, wenn ich loslegen will, ist gerade etwas anderes

wichtiger? Ich würde ja gerne, aber…. Das Unterbewusstsein ist aktiv und signalisiert, wie anstrengend die
erste Sporteinheit sein wird, Seitenstiche, Wadenkrämpfe
– unbewusste Horrorbilder.

Sie merken schon, stimmt natürlich alles nicht, sie können ja langsam anfangen, dann tritt all das nicht ein. Nur
– anfangen müssen Sie!

Egal, was auch immer der erste Schritt ist, egal wie
schwer er sich auch anfühlt, wie unangenehm er auch
sein mag – Sie müssen ihn TUN! Sonst wird sich leider
nichts ändern. Und – da bin ich mir ganz sicher – im Zustand der Unzufriedenheit abzuwarten, ist nur eine Zeit
lang schön, dann wird es schnell unerträglich.

Deshalb: Natürlich, es ist nicht immer leicht, aber wer außer Sie selbst soll diesen ersten Schritt tun?

Auf geht's!

Zufriedener und dadurch auch erfolgreicher werden - Sie
haben es selbst in der Hand - tun Sie den ersten Schritt.

Jetzt!

Vielleicht hilft Ihnen dabei auch noch dieses schöne Zitat
des erfolgreichen Musikers und Unternehmers Andre
Rieu:

Wenn mir etwas nicht gefällt, ändere ich es.
Andre Rieu

Freiraum für Ihre Gedanken

1.5 Glaubenssätze zurückgeben

*Die Grenzen meiner Sprache bedeuten
die Grenzen meiner Welt.*
Ludwig Wittgenstein

Ich war mit meinem Klienten, mit dem ich ein wichtiges Mitarbeitergespräch vorbereitet hatte, eigentlich am Ende der Sitzung angekommen und wollte ihn mit den üblichen Erfolgswünschen verabschieden. Aber mein Klient blieb sitzen.

„Ich habe da noch ein weiteres, privates Anliegen", sagte er zögerlich. „Nur raus damit", entgegnete ich und er begann zu erzählen. Am Wochenende wollte er für eines seiner Kinder das neue Kinderzimmer aufbauen und war an dieser handwerklichen Tätigkeit – nicht das erste Mal – ziemlich kläglich gescheitert. Nichts passte zusammen.

„Ich bin einfach zu blöd dazu, ich kann nicht mal einen Nagel in die Wand schlagen, immer schief oder ich treffe meinen Daumen. Es ist einfach so, ich habe zwei linke Hände."

Da war mein Energiepegel natürlich gleich auf 100 – zwei linke Hände? „Wer sagt, dass Sie zwei linke Hände haben?", fragte ich ihn. „Mein Vater hat das immer zu mir gesagt, als ich noch ein Kind war. Er konnte alles, ich schaffte nichts."

Jetzt lag er auf dem Tisch, der ihn limitierende Glaubenssatz. Wie so viele Menschen auch, hatte er ihn von seinen Eltern, in diesem Fall dem Vater, mitbekommen und verinnerlicht. Jetzt glaubt er es – natürlich vollkommen unbewusst – auch: Er hat zwei linke Hände und mit denen kann man natürlich nicht erfolgreich handwerkliche Dinge ausführen und so gingen viele dieser Dinge immer schief.

Es ist vollkommen unvermeidlich, wir alle haben Glaubenssätze, sowohl positive, die uns bestärken, als auch limitierende, die uns einschränken. Viele unserer Glaubenssätze sind uns nicht bewusst, wir erleben nur ihre Auswirkungen. Die Eltern sind zwangsläufig für viele unserer Glaubenssätze verantwortlich, denn sie prägen uns in der Kindheit besonders. Aber auch andere Verwandte, Freunde, Lehrer, Vorgesetzte und viele mehr können Glaubenssätze in uns verankern. Auch die eigenen Lebenserfahrungen können solche Glaubenssätze kreieren. Und dass es sich mit einem Glaubenssatz wie etwa - „Alles was ich will, kann ich auch schaffen." – besser leben lässt als mit den zwei linken Händen leuchtet uns schnell ein.

„Zeig mal Deine Hände, ich habe noch nie jemanden gesehen, der auf beiden Seiten den Daumen rechts hat. Ich will mal sehen, wie das aussieht.", sagte ich zu meinem Klienten und so fanden wir einen humorvollen Einstieg und arbeiteten noch eine Stunde zusammen. Dann war ihm endgültig klar, dass es der Glaubenssatz seines Vaters war und nicht sein eigener. Er schrieb ihn auf ein Blatt Papier, wickelte fein säuberlich eine Schleife darum und gab den Glaubenssatz seinem Vater zurück. Da strahlten seine Augen schon und die Suche nach seinem neuen Glaubenssatz ging dann auch ganz schnell.

„Ich bin ein geschickter Hobbyhandwerker, der schon viel gebaut hat und immer besser werden kann.", oder so ähnlich lautete er.

Am nächsten Wochenende bekam ich ein Bild per WhatsApp: In einem sehr schönen neuen Kinderzimmer spielte ein glücklicher Vater mit seinem Kind.

Und Sie? Welcher Glaubenssatz bremst Sie aus? Wo kommt er her? Geben Sie ihn an den Absender zurück, er gehört ihm, nicht Ihnen. Machen Sie sich frei im Kopf, alles ist möglich.

Freiraum für Ihre Gedanken

_____

_____

_____

_____

_____

_____

_____

_____

1.6 Glücklich sein

The happiest people don't have the best of everything,
they make the best of everything.
Unbekannt

Über das Glück wird viel geforscht und veröffentlicht. Die Ergebnisse sind spannend und die Glücksforschung hat sich mittlerweile als eigenständige wissenschaftliche Disziplin etabliert.

Glücklich sein zu wollen liegt in der Natur des Menschen. Doch was ist Glück?

Legt man den aktuellen World Happiness Report zugrunde, dann leben die glücklichsten Menschen in Finnland gefolgt von Dänemark und der Schweiz. Wir Deutschen folgen erst auf Platz 17 und das, obwohl wir in vielen – wenn nicht fast allen – ökonomischen Kennziffern vor diesen Ländern liegen dürften. Glück ist also offenbar nichts Ökonomisches.

Und ist Glück überhaupt für alle Menschen gleich? Internationalen Studien zufolge wird die Veranlagung zum Glücklichsein zu etwa 50 Prozent von unseren Genen bestimmt. Die Lebensumstände machen (nur!) rund 10 Prozent aus. Die restlichen 40 Prozent haben wir selbst in der Hand.

Ich weiß nicht, ob diese Zahlen genau richtig sind, aber nehmen wir das einmal an. Schon dann wird klar, ob Sie glücklich sind oder nicht, haben Sie zu einem erheblichen Teil selbst in der Hand und ich ganz persönlich glaube, dass die Zahl von 40% noch viel zu niedrig ist.

Machen Sie wirklich das Beste aus jeder Situation? Oder bevorzugen Sie vielleicht doch ab und zu den „Harder-Modus"? „Ich wäre ja joggen gegangen, aber es regnet leider." Menschen, die Bewegung glücklich macht, hätten wahrscheinlich zum Springseil gegriffen. Das geht auch in der Wohnung. Beliebt ist auch der Vergleichsmodus – schon mal erlebt? Sie haben sich ein neues Auto gekauft, ein total schicker VW Golf mit allem „Schnickschnack". Da kommt doch glatt Ihr alter Schulkamerad um die Ecke und steigt aus einem neuen Mercedes Roadster. Vor zehn Sekunden waren Sie noch glücklich, jetzt sind Sie enttäuscht. Wieso hat der ein noch schöneres Auto? Vergleichen macht unglücklich – hören Sie schnellstmöglich damit auf.

Machen Sie das Beste aus Ihren Möglichkeiten?

Sie würden ja gerne, aber der Chef benachteiligt Sie ja immer? Die anderen haben viel bessere Rahmenbedingungen? Sie müssen sich ja auch noch um andere Dinge kümmern, z.B. Kinder, Eltern, etc.? Das mag sein, doch auch damit könnten Sie glücklich sein, in dem Sie die Situation annehmen und für diesen Moment das Beste aus dem machen, was gerade ist. Dann allerdings sind alle anderen raus – Sie ganz allein haben den Schlüssel Ihres Glücks in der Hand, kein Chef, kein Kind, kein Elternteil.

Nehmen Sie die Dinge an, bekennen Sie sich zu Ihrer Verantwortung für Ihr „Glücklichsein", denn Ihren Schlüssel zum Glücklichsein haben nur Sie selbst in der Hand und niemand anderer. Warten Sie nicht darauf, dass jemand kommt und Sie glücklich macht – die meisten Menschen warten darauf vergebens.

Vielleicht müssen Sie ja noch etwas üben, den Schlüssel richtig zu benutzen!? Viel Erfolg dabei!

Freiraum für Ihre Gedanken

1.7 Zukunft

*Mehr als die Vergangenheit interessiert mich
die Zukunft, denn in ihr gedenke ich zu leben.*
Albert Einstein

Vor einiger Zeit hatte ich in einem Führungskräfte-
workshop mal wieder Gelegenheit, über die Metaprogramme[3] zu sprechen, es passte gut zu einer kollegialen
Beratung, die wir für eine der Teilnehmerinnen durchführ-
ten.

Eines der Programme ist vergangenheits-, gegenwarts-
oder zukunftsorientiert und schnell hatten wir eine Dis-
kussion, wie schwierig es sei, mit Menschen, die immer
nur der Vergangenheit nachhängen, umzugehen.

„Früher war alles besser", den Spruch kennen Sie auch?
Oder sagt gerade eine innere Stimme sogar: „Ja, genau,
so denkst Du auch oft!"

Das ist vielleicht sogar verständlich, wenn wir im normalen auf und ab des Lebens gerade einen „Tiefpunkt" haben und uns erinnern, wie schön es war, als wir noch… .

Selten ist das jedoch ein Gedanke, der uns voranbringt,
denn die Vergangenheit ist vorbei und wir können sie
nicht mehr verändern. Ihr nachzuhängen zieht uns i.d.R.
nur runter. Das gilt auch für den Umgang mit Menschen,
die stets in der Vergangenheit leben – „früher", „damals",
„als wir noch", „weißt Du noch"… – ich weiß nicht, wie es

---

[3] Metaprogramme sind Wahrnehmungsfilter und beschreiben,
wie ein Mensch Informationen aufnimmt und verarbeitet. Diese
Filter sind meist unbewusst und entstehen aufgrund unserer
Erfahrungen und Prägungen.

Ihnen geht, meine Energie versiegt schon, ohne dass ich die Sätze zu Ende schreibe.

Menschen, die immer in der Vergangenheit leben, können wahre Energieräuber sein. Gedanken, die stets nur um die Vergangenheit kreisen, auch. Und damit meine ich nicht, dass wir nicht zurückschauen sollen, um aus der Vergangenheit zu lernen. Aber dort zu verweilen und immer weitere Kreise zu ziehen, hilft nicht weiter.

Gestalten können wir nur die Gegenwart – planen können wir auch die Zukunft (aber Vorsicht, zu viel Planung ist auch nicht gut). Ich lade Sie daher ein, sich auf die Gegenwart zu fokussieren und Ihre Zukunft in den Blick zu nehmen.

Hier und heute können Sie gestalten, können Ihre Kompetenzen entfalten, Ihre Kräfte einsetzen, sich Ziele setzen, Erfolge haben, neue Menschen kennenlernen und vieles mehr.

Willkommen im Hier und Jetzt – merken Sie wie kraftvoll sich das anfühlt?!

Freiraum für Ihre Gedanken

1.8 Regenwetter?

*Life isn't about waiting for the storm to pass,
it's learning to dance in the rain.*
Unbekannt

Manchmal bietet das Leben schon komische Zufälle. Gestern war Regenwetter, ich musste trotzdem dringend zum Briefkasten und kam wie üblich an dem Spielplatz in unserer Nachbarschaft vorbei. Dort schaukelten zwei Kinder lachend auf den beiden Schaukeln und hatte Spaß – der Regen interessierte sie nicht.

Wie es der Zufall will, las ich am nächsten Morgen folgenden Spruch auf meinem Tageskalender:

Bei Regen sind wenigstens die Schaukeln frei.

Klasse, oder?

Mir wurde wieder einmal klar, es sind unsere Gedanken und Bewertungen, die bestimmen, ob es uns gut geht oder nicht. Viele würden vielleicht jammern, dass es regnet, die Kinder nicht draußen spielen können, sie in der Wohnung viel anstrengender sind und vieles mehr. Der andere Blick auf die freien Schaukeln, vielleicht gepaart mit der richtigen Kleidung, macht die Situation gleich viel freundlicher und ist dazu noch lösungs- und handlungsorientiert.

Nun gibt es viele Krisen, die mit Regenwetter nicht zu vergleichen sind und die ich auch keinesfalls verharmlosen möchte. Und doch ist der Grundgedanke immer der gleiche:

Wir können uns dafür entscheiden, den Blick auf das Schlechte zu richten, anfangen uns zu beklagen, gar zu jammern oder uns zu bemitleiden. Aber wir können uns auch dafür entscheiden, die Frage zu stellen, was denn jetzt gerade möglich ist? Was ist die Chance – sozusagen das „Gute im Schlechten"? So taten es die beiden Kinder auf den Schaukeln und genossen die Situation. Wir bestimmen selbst wie wir mit einem Ereignis umgehen – unsere Gedanken haben wir in der Hand – sie sind frei!

Die oben beschriebene Begebenheit war im Frühjahr 2020 und Corona war gerade auf dem Vormarsch. Die Fragen, die ich seinerzeit meinen Lesern stellte, sind auch heute noch aktuell, daher:

Was sind Ihre Schaukeln im Regen?

Was wird gerade möglich, was bislang nie möglich war?

Was können Sie tun, um positiv durch die Zeit zu kommen?

Was gewinnen Sie in der Krise?

Es wird niemals besser mit negativen Gedanken, mit positiven schon!

Freiraum für Ihre Gedanken

1.9 Zeitgewinn

Zeit, die wir uns nehmen,
ist Zeit, die uns etwas gibt.
Ernst Ferstl

Das Jahr 2020 stellte uns alle vor ungeahnte Herausforderungen, das ist keine Frage: Die Corona-Pandemie bedeutete erhebliche Einschränkungen, finanzielle Verluste, große Unsicherheiten und im schlimmsten Fall sogar persönliche Betroffenheit und damit Krankheit.

Auch dieser Situation begegneten Menschen mit unterschiedlichen Strategien: Einige jammerten und beklagten sich, wie schlimm alles ist. Andere richteten den Blick darauf, was plötzlich auch möglich ist. Sie fragten sich, was ist mein Gewinn, wenn ich schon auch Verluste habe? Wenn alles im Leben, wie so oft zitiert, zwei Seiten hat, dann müssen wo Verluste sind auch Gewinne sein!

Einer der größten Gewinne für viele Menschen war Zeit – die Welt drehte sich gefühlt deutlich langsamer, weniger hektisch und so viele Dinge, die bislang abliefen wie automatisiert, standen still.

Was können wir mit der gewonnen Zeit tun? Wir können den Blick darauf richten, was gerade alles nicht geht. Wir können uns langweilen und uns darüber beklagen, dass wir uns langweilen. Damit ist eines garantiert: Es geht uns noch schlechter als zuvor!

Die Alternative ist, die Zeit für Freunde und Familie zu investieren, mal wieder einen Brief oder eine aufmunternde Karte zu schreiben. Wir könnten auch anrufen, Videotelefonie einmal ausprobieren, weil wir das bisher noch nie getan haben. Schon besser!

Ich habe viele Menschen kennengelernt, die auch etwas Zeit in sich selbst investiert haben. Sie fragten sich, welches Thema bietet sich für eine Weiterbildung an? Wo kann ich eine „Horizonterweiterung" vornehmen? Was hat mich schon immer interessiert, doch Zeit sich damit zu beschäftigen hatte ich nie?

Viele Menschen mussten sich zwangsweise mit Themen des virtuellen Arbeitens, Homeoffice oder Videokonferenzen auseinandersetzen, doch das meine ich nicht. Ich meine die Themen, die sie aus eigenem Antrieb aufgriffen, weil sie sich schon lange dafür interessierten und nun endlich Zeit dafür war. Sie nutzten die Zeit aktiv, sie agierten eigeninitiativ und wann immer ich mit solchen Menschen sprach, lautete die Botschaft: „Es ist keine schöne Zeit, aber ich kann dem auch etwas Gutes abgewinnen... ." Die Menschen strahlten ein vollkommen anderes Befinden aus als die, die sich auf das Beklagen der Situation beschränkten.

Es gibt so viele spannende Themen. Ein Kollege erzählte mir, er habe die gewonnene Zeit z.B. teilweise in die Themen investiert, die ihn seit vielen Jahren faszinierten: Hypnotherapie und Hirnforschung. Die Hypnotherapie hat viele Parallelen zum Coaching und ganz viel davon wende auch ich schon lange an. Immer wieder neue Impulse zu bekommen, die man danach umsetzen kann, ist schön. Hirnforschung ist aktuell das spannendste Thema überhaupt. In der Pandemie gab es viele Sonderangebote, die mein Kollege zum Einkauf eines ganzen Stapels von MP3-Mitschnitten interessanter Vorträge genutzt hat. Er achtete auf die Chancen, die jede Krise immer auch mit sich bringt. Er nutzte sein Mehr an Zeit für seine persönliche Bereicherung mit Wissen und hatte viel Spaß daran!

Ungewollt mehr Zeit?

Machen Sie das Beste daraus – was immer es für Sie ist!

Freiraum für Ihre Gedanken

1.10 Arschtritte

Wenn dir das Leben in den Arsch tritt,
dann nutze den Schwung, um vorwärts zu kommen.
Henry David Thoreau

Und wie ist Ihr Modus für „Arschtritte", die man auch Rückschläge nennen könnte? Nutzen Sie auch den Schwung oder doch lieber die Chance zum Jammern?

Warum ich...? Warum das mir...? Das ist einfach ungerecht...

Alles sehr verständliche Reaktionen, nur führen sie in die Problemtrance und nicht zur Lösung.

„Darf ich denn nicht mal jammern?", fragen Sie vielleicht. Doch, natürlich, ein paar Minuten, klar begrenzt, dürfen Sie das. Dann nämlich hat Jammern eine befreiende Wirkung und macht uns bereit, wieder durchzustarten. Leider erlebe ich oft, dass Menschen im Jammern verharren, das allerdings führt unweigerlich in die Abwärtsspirale.

In Unternehmen empfehlen wir daher oft zu Beginn eines Meetings die „Kummerkastenmethode". Eine Viertelstunde lang darf gejammert werden, aber nur eine Viertelstunde lang. Einmal darf jeder sagen, was ihm auf der Seele brennt, dann ist es raus. Danach schauen wir alle gemeinsam nur konstruktiv nach vorne – funktioniert sehr gut.

Die eigentliche Frage aber ist doch, wie gehen wir mit Rückschlägen um? Rückschläge sind für jeden von uns im Leben unvermeidlich. Niemand lebt immer nur im Glück, im Zustand von „alles ist toll", hat immer Erfolg und schreitet auf der Karriereleiter immer nur nach oben.

Rückschläge sind Teil des Lebens und ganz ehrlich: Das ist auch gut so, es würde uns nämlich unglaublich schnell langweilig werden, wenn es keine Rückschläge gäbe.

Wenn wir also Rückschläge nicht vermeiden können, dann wäre es doch sinnvoll, das Beste aus ihnen zu machen, oder? Sie stimmen mir zu? Perfekt!

Dann ist also ab sofort jammern nicht mehr Ihr Lösungsansatz, sondern Sie nehmen jeden Rückschlag als Impuls, etwas daraus zu lernen, noch besser zu werden und das Positive darin zu sehen. Ich kenne viele Menschen, die im Nachhinein über den ein oder anderen Rückschlag sehr froh waren. Wenig später ergab sich nämlich eine neue Möglichkeit, viel besser als die Erste. Und weil sie den Impuls des ersten Rückschlags als Energie mitgenommen haben, waren sie bei der zweiten Chance viel besser vorbereitet und deshalb erfolgreich.

Sie ja vielleicht demnächst auch.

Freiraum für Ihre Gedanken

1.11 Ich bin viele

Die Geburt bringt nur das Sein zur Welt,
die Person wird im Leben erschaffen.
Theodore Simon Jouffroy

Vielleicht kennen Sie solche Tage ja auch: Irgendwie bin ich heute nicht gut drauf, obwohl ich gar keinen Grund dafür habe. Ich bin leicht reizbar und alles geht mir irgendwie sehr schnell auf den Wecker. So kenne ich mich eigentlich gar nicht, denn es geht mir gut. Heute aber geht mir auch jede Bemerkung, die einer meiner Mitmenschen macht, eher auf den Geist. Für die kleinen Späße habe ich keine Muße und alles nehme ich doch eher persönlich. Schließlich gehe ich mir selbst auf den Nerv und der Tag geht unproduktiv zu Ende und geschafft habe ich nichts. Das liegt auch daran, dass mir von Tagesbeginn an nicht wirklich klar war, was ich eigentlich schaffen wollte.

„Solche Tage kenne ich gut", seufzen Sie jetzt? Ja, solche Tage kennen fast alle.

Das liegt vielleicht daran, dass es „uns" gar nicht gibt, denn wir sind nicht einer, sondern viele. Vielleicht kennen Sie den Spruch und Buchtitel: „Wer bin ich und wenn ja, wie viele?".

Wir alle haben verschiedene Persönlichkeitsanteile und alle meinen es gut mit uns. Jeder Anteil verfolgt eine positive Absicht und möchte für uns etwas Gutes bewirken, z.B. uns schützen oder erfolgreich machen. Nun verfolgen diese Anteile in Teilbereichen manchmal auch sich deutlich widersprechende Ziele und Absichten. Dann kommt es – bildlich gesprochen – zum Streit der beiden oder gar mehrerer Anteile. Das fühlt sich (oft unbewusst) nicht gut an. Viele Menschen haben auch sehr starke Anteile, z.B. weil diese jeden Tag gebraucht werden, um im Beruf zu bestehen. Diese werden dann oftmals dominant und unterdrücken andere Anteile jahrelang. Das führt irgendwann zu einem Defiziterleben, zu Unzufriedenheit und manchmal dann zu ganz drastischen Reaktionen.

Vielleicht mache ich noch ein simples Beispiel an meiner eigenen Person: Ich habe einen Anteil, den ich den „Sportler" nenne. Es ist ein sehr alter Anteil, denn er ist entstanden, als ich ein Kind war. Sport war immer wichtig für mich. Dieser Anteil will mich fit und gesund halten. Bei den aktuellen, heißen Temperaturen sagt dieser Anteil jeden Morgen zu mir: „Du solltest Sport treiben, denk an dein großes Herz, das braucht Impulse. Steh früh auf, um 6 Uhr ist es noch kühl, lass dich nicht hängen." Der Anteil in mir hat aus seiner Sicht natürlich vollkommen recht. Es gibt aber auch einen anderen Anteil in mir, der noch jung ist. Es gibt ihn erst seit etwa 5 Jahren. Ich nenne ihn mal den „Müßiggänger" und der möchte mir helfen, den Alltag mehr zu genießen und mich von den vermeintlichen Verpflichtungen anderen gegenüber zu befreien. Dieser Anteil sagt aktuell: „Du hast dein ganzes Leben lang Sport getrieben, bei dieser Hitze lass es einfach sein. Es ist Zeit, mal nichts zu tun, leb in den Tag hinein, trink Kaffee und lass die Seele baumeln." Bevor der Sportler in mir „Eh, spinnst du" schreien kann, höre ich hier mal auf, Sie haben das Beispiel sicher verstanden.

Ich habe bei vielen Klienten mit deren Persönlichkeitsanteilen gearbeitet, denn was auf den ersten Blick so hinderlich erscheint, ist auch eine der größten Hilfen, um dem Dilemma wieder zu entkommen. Oft begegnen mir Menschen, die einen Satz beginnen mit: „Ich bin…" und dann kommt meist eine sie selbst abwertende oder auf Hilflosigkeit deutende Formulierung. Damit geht es meinen Klienten im eigenen Erleben oft sehr schlecht. Wenn man aber dem Teilemodell folgt, dann bin nicht ich, sondern nur ein Teil von mir z.B. gerade hilflos, genervt, überfordert oder was auch immer. Wenn ich viele bin, dann gibt es immer auch andere Teile, die jetzt hilfreich sein können, die ich nur gerade verdränge oder nicht spüre. Diese kann ich aber aktivieren und schon geht es mir viel besser. Nicht „ich bin", sondern „ein Teil von mir ist" (oder wie Dr. Gunther Schmidt, Deutschlands führender Hypnotherapeut, bei dem ich viele Anleihen für meine Arbeit nehme, sagt: „eine Seite von mir ist"). Das sorgt sofort für ein vollkommen anderes Erleben. Wenn meine Klienten erstmal erkannt haben, dass alle Anteile ihnen Gutes wollen und für sie eine positive Absicht verfolgen, ist es viel leichter, den Anteilen zu danken und sie dann aber für eine gewisse Zeit gezielt zur Seite zu stellen: „Danke dass es dich gibt, aber heute bist Du nicht dran." Mein Sportler hat heute Pause.

Welche Anteile sind bei Ihnen vielleicht gerade miteinander in Konkurrenz oder welcher Anteil wurde schon lange nicht mehr bedient und meldet sich deshalb sich vielleicht bei Ihrem Unterbewusstsein?

Ich wünsche Ihnen einen guten inneren Dialog!

Freiraum für Ihre Gedanken

1.12 Der Wäschestuhl

*Die Menschen, die etwas von heute auf
morgen verschieben, sind dieselben,
die es bereits von gestern auf heute verschoben haben.*
Peter Ustinov

Viele Menschen haben in ihrem Schlafzimmer einen Stuhl, auf dem Kleider gesammelt werden. Dort landen Kleider, die getragen wurden und deshalb nicht mehr im Schrank abgelegt werden. Sie sind aber noch nicht so schmutzig, dass sie jetzt sofort gewaschen werden müssen. Also werden sie auf dem Stuhl zwischengelagert. Am nächsten Tag ziehen wir in der Regel frische Kleider an, die am Abend oftmals wieder zu schmutzig für den Schrank und zu sauber für die Waschmaschine sind. Der Stapel auf dem Stuhl wächst und allzu oft wissen wir bald gar nicht mehr, was eigentlich ganz unten liegt.

Sie schauen gerade gedanklich in die Ecke Ihres Schlafzimmers und erblicken auch so einen Stuhl?

Ja, solche Stühle sind beliebt und wir kennen sie alle. Natürlich ist das hier nur als Metapher gedacht, denn nicht nur getragene Kleider werden auf Stühlen gesammelt. Eine „Ablage" ist so schön einfach:

- Die Dinge sind erstmal aus dem Weg.
- Die Dinge sind auch schnell wieder greifbar.
- Die Dinge werden nicht vorschnell weggeworfen.
- Die Dinge verschwinden aber auch nicht vollständig aus dem Blickfeld.

Ich bin sicher, Ihnen fallen noch zahlreiche Vorteile der Stuhlablage ein. Doch wenn das die Vorteile sind, was sind die Nachteile? Denn Sie merken sicher schon, ich würde diesen Beitrag nicht schreiben, wenn ich wirklich ein Fan der Stuhlablage wäre.

Bleiben wir mal im Bild der Wäsche auf dem Stuhl: Sie werfen immer mehr darauf und wissen schon bald nicht mehr, was eigentlich ganz unten liegt. Statt sauber im Schrank, liegen die Kleider offen herum und verstauben im wahrsten Sinne des Wortes. Jeden Morgen gehen Sie daran vorbei und denken, „ich sollte mal wieder den Stuhl aufräumen". Sie suchen vielleicht auch ihr Lieblingskleidungsstück und finden es nicht. Es könnte…, ja genau, ganz unten auf dem Stuhl liegen. Sie wühlen etwas hektisch im Stuhlstapel herum und werfen dabei das Meiste auf den Boden. Ok, jetzt ist es dann doch reif für die Waschmaschine. Aber Ihre bunte Kleidersammlung passt wäschetechnisch gar nicht zusammen und kann mit einem Waschgang nicht erledigt werden. Jetzt müssen Sie sortieren und verschiedene Maschinen waschen, Sie haben also Zusatzarbeit.

Soll ich diese Beschreibung noch von der Metapher des Wäschestuhls lösen und auf das sonstige Leben übertragen – ich glaube, das können Sie selbst.

Legen Sie keine Ablage in Ihrem Leben an oder jedenfalls nur eine sehr kleine, ganz bewusst angelegt, mit Wiedervorlageterminen und regelmäßiger, kurzfristiger Abarbeitung. Schieben Sie die Dinge nicht auf, um sie irgendwann zu erledigen.

Irgendwann kommt meistens nicht!

Befreien Sie vor allem Ihren Kopf, von den vielen Dingen auf dem Stuhl, den vielen „ich müsste mal wieder", „ich sollte unbedingt" oder „ich könnte ja mal".

Nur die Freiheit im Kopf ermöglicht uns den vollen Genuss dessen, was wir jetzt gerade tun!

Freiraum für Ihre Gedanken

1.13 Positive Gedanken

Ich habe beschlossen, heute glücklich zu sein.
Diese Entscheidung macht offenbar den Unterschied.
John Strelecky

Die Gedanken sind mächtig, die Gedanken sind frei. Das ist wie immer im Leben Chance und Risiko zugleich, denn wir bestimmen selbst und allein, was wir denken. Immer wieder starte ich mit meinen Teilnehmern in Führungskräfteausbildungen an diesem Punkt. Die Wahrheit gibt es nicht, nur meine, deine und seine – jeder konstruiert sich seine Wirklichkeit selbst durch selektive Wahrnehmungen und vor allem durch unterschiedliche Bewertungen gleicher Sachverhalte. Was für den einen eine Katastrophe ist, ist für den anderen halb so schlimm. Wo der eine großartige Chancen erkennt, geht der andere achtlos vorbei. Es ist daher auch nie die Tatsache selbst, die uns traurig oder glücklich macht, sondern immer unsere ganz persönliche Bewertung dieser Tatsache – unsere Gedanken!

„Aber wie soll ich in einer Situation wie der Corona-Krise positiv denken?", werden Sie vielleicht fragen. Vor kurzem sprach ich darüber mit einem Bankvorstand: Ja, es ist keine einfache Situation, war seine Botschaft. Aber er sah auch viele positive Aspekte, die Digitalisierung kam nie so schnell voran wie jetzt. Die Bereitschaft der Menschen, Neues auszuprobieren und anzunehmen, sei gerade sehr groß. Deshalb frage er aktuell seine Mitarbeiterinnen und Mitarbeiter, welche Neuerungen der letzten Wochen sich bewährt haben und daher beibehalten werden sollten. Und – überragend – wo gehen wir vielleicht noch nicht weit genug, was fehlt noch, wo sollten wir uns noch mehr trauen?

Ich kenne den Kollegen seit drei Jahrzehnten und schätze ihn sehr. Er ist ein sehr gutes Beispiel für den Leitspruch, den ich vor vielen Jahren von einem Psychologen gehört habe:

> „Da man sowieso denkt,
> sollte man gleich positiv denken."

Natürlich wird seine Bilanz 2020 nicht schön sein, auch er hat jeden Tag neue Entscheidungen zu treffen, für die es kein Muster gibt, auch er hat Einschränkungen und außergewöhnlich hohe Arbeitsbelastungen zu bewältigen. Aber, da er sowieso Denken muss, sucht er die Chancen, denkt positiv, denkt voran – die Probleme braucht man nicht weiter mit Energie und Gedanken zu füttern, sie kommen schon von allein auf den Tisch.

Daher lautet mein Rat: Versuchen Sie es auch!

Sie haben in der Krise viele Kunden verloren? Besser ist die Frage, wer hat Ihnen die Treue gehalten und wem kann dieser Kunde Sie weiterempfehlen?

Sie sind einsam und leiden unter den Corona-Kontaktbeschränkungen? Besser als die Frage, wer Ihnen fehlt, ist die Frage, wer war und ist auch in dieser Krise für Sie da? Auf wen können Sie sich verlassen? Wer hat Ihnen vielleicht sogar aktiv und uneigennützig Hilfe und Unterstützung angeboten? Und, für wen sollten Sie da sein?

Es wird nie wieder so sein, wie es vor der Krise war? Wem nützt dieses „Weltuntergangsszenario"? Vielleicht wird es ja besser sein, als es vor der Krise war! Was – ganz konkret - ist denn für Sie gerade viel besser?

Damit genug, denn ich hoffe, Sie haben erkannt, dass Sie es selbst in der Hand haben, Ihr Denken in eine Richtung zu lenken, die Kraft und Energie vermittelt und die dazu führt, dass Sie sich viel besser fühlen, als wenn Sie sich immer weiter in die Problemtrance hineinbegeben.

Positives Denken aktiviert unsere Kompetenzen und öffnet den Blick für Lösungen, es motiviert uns und setzt neue Energien frei – wir fühlen uns besser!

Probieren Sie es aus!

Freiraum für Ihre Gedanken

1.14 Sie sind weise

Das Wissen kommt und geht, die Weisheit bleibt.
Alfred Lord Tennyson

Vor einigen Wochen verbrachte ich einen wunderbaren Vormittag: Bei strahlendem Sonnenschein frühstückte ich auf der Seeterrasse unseres lokalen Hotels mit einem langjährigen Coachkollegen, den ich nun etwa 20 Jahre kenne und sowohl als Mensch wie auch als Kollegen sehr schätze.

Nach dem fachlichen Austausch nutze ich die Chance, mich selbst einem kleinen Coaching zu unterziehen, weil mich ein privates Thema sehr beschäftigte. Ich brauchte noch etwas Klarheit in dieser Frage und mein Kollege unterstützte mich sofort.

Inhaltlich ging es um die Frage, ob wir vielleicht noch einmal umziehen wollen. Wir hatten am Wochenende zuvor ein großartiges Anwesen besichtigt, über 2 Hektar groß mit 16000 qm See. Das Grundstück war ein Traum und lag außerdem noch näher zum Meer als wir ohnehin schon wohnen. Leider gefiel uns das Haus weniger gut und so waren wir hin und her gerissen zwischen den vielen Möglichkeiten, die das Anwesen bot, und dem Aufwand, der mit Umzug und Umbau verbunden wäre.

Nachdem wir also eine Zeit lang Pro und Contra abgewogen hatten, fragte mein Kollege:

"Mario, du bist ja auch weise. Was sagt denn der weise Mario zu all dem, was er jetzt gehört hat?"

Für eine Sekunde musste ich innerlich schmunzeln, denn natürlich kannte ich als Coach diese Intervention und setze sie selbst häufig ein. In diesem Moment war sie ein absoluter Volltreffer. Ich wuchs sofort in meinem Stuhl – ich bin weise – es war als durchströmte mich ein warmer Flow von Kompetenz.

Keinesfalls konnte ich jedoch sofort mit einer Antwort dienen, schon deshalb nicht, weil ich erstmal richtig ankommen musste in diesem neuen State – der weise Mario. Und dann suchte ich innerlich erstmal gar keine Antwort, sondern ich suchte zunächst die richtige Frage für meinen weisen Persönlichkeitsanteil – worauf kommt es bei all den Pros und Contras denn wirklich an? Ich brauchte einige Zeit und fand schließlich für mich die richtige Frage, die Antwort darauf und damit auch die Antwort auf die Frage, die mein Freund mir gestellt hatte.

„Nicht alles, was schön ist, muss ich besitzen."

Damit waren zwar nicht alle inneren Konflikte geklärt, aber ich war einen großen Schritt weiter, weil meine Worte großes Gewicht hatten, denn nicht irgendjemand hatte sie gesagt, sondern der weise Mario! Mein Coach lächelte zufrieden.

Nun also zur Essenz für Sie: Auch Sie haben alle Kompetenzen in sich, die richtigen Entscheidungen zu treffen. Auch Sie sind weise und können diese Kompetenz jederzeit aktivieren. Dass dabei nicht sofort eine Antwort aus Ihnen heraussprudelt, darf Sie nicht verwundern. Vielleicht suchen Sie ja noch die wirklich wichtige Frage, also z.B. die Werte, die für Sie entscheidend sind.

Manchmal glauben wir nicht, dass wir etwas selbst richtig entscheiden können. Doch wenn man weise ist, kann man das! Jeder von uns hat diesen weisen Anteil, er ist nur nicht immer leicht zu finden und mit zunehmendem Alter meist stärker ausgeprägt.

Falls Sie also gerade vor einer scheinbar schwierigen Entscheidung stehen und wissen nicht weiter, dann schließen Sie die Augen, stellen Sie sich vor, Sie sind gesund alt geworden und sitzen entspannt im Schaukelstuhl auf der Veranda. Und dann fragen Sie Ihr weises Ich – es wird Ihnen antworten.

Sie haben alles Wissen in sich, alle Kompetenzen, die Sie brauchen – vertrauen Sie sich. Sie kennen die Lösung – Sie allein wissen, was gut für Sie ist.

Freiraum für Ihre Gedanken

1.15 Der beste Fragensteller der Welt

Man darf nie aufhören zu fragen.
Albert Einstein

Falls Sie es noch nicht getan haben, würde ich Sie bitten, den Impuls 1.14 „Sie sind weise" zu lesen, bevor Sie diesen Impuls lesen, denn diese beiden bauen als Ausnahme von der Regel dann doch aufeinander auf.

Sie erinnern sich, dass ich vor einer schwierigen Entscheidung stand, ein großartiges Anwesen mit Teich und Wald zu erwerben und mit meiner Frau noch einmal umzuziehen oder eben nicht. Das gemeinsame Frühstück mit einem langjährigen Coachkollegen nutzte ich, mich selbst von ihm coachen zu lassen.

Er stellte viele sehr gute und zwei überragende Fragen, von denen ich Ihnen die erste im Impuls 1.14 vorgestellt habe.

Nach dieser Frage war ich für mich schon einen großen Schritt weiter, doch noch immer zogen mich die großartigen Möglichkeiten, die das Anwesen bot, stark dorthin: Das wunderbare Erlebnis der puren Natur aber auch die großartigen Möglichkeiten, die ich als Coach etwa für Teamtrainings oder Einzelcoachings haben würde. Doch immer, wenn ich ein Pro-Argument aussprach, hielt mich eine andere innere Stimme auch wieder zurück, ich musste einfach zu viel aufgeben. So ging es hin und her, bis mein Freund schließlich seine zweite Frage von großer Tragweite stellte:

„Mario, welchen Rat möchtest Du denn jetzt am liebsten von mir hören?"

Jetzt musste wahrscheinlich er schmunzeln, denn er hatte schlagartig etwas geschaffen, das es nur sehr selten gibt: einen schweigenden Rheinländer!

Ich schwieg lange – was wollte ich eigentlich hören? Mir war klar, dass ich keinen Rat bekommen würde, der eindeutig pro oder contra war, das war meine Entscheidung und nicht seine. Was aber wollte ich eigentlich hören? Die Suche war gestartet – was war es, das tief in mir verborgen war und mich so zögerlich sein ließ.

Es ist typisch, dass wir oft nicht wissen, was genau uns zurückhält, uns zögern lässt oder uns die uneingeschränkte Freude an oder auf etwas nimmt. Das ist nicht schön, hat aber oft eine wichtige Schutzfunktion und schützt uns vor vorschnellen Handlungen. Manchmal sind die Gründe vielleicht auch etwas unangenehm auszusprechen oder uns gar peinlich, weshalb wir sie unbewusst verdrängen. Dann müssen wir erst einmal wieder suchen und hoffen, dass wir die Ursachen in unserem Unterbewusstsein finden. Die richtigen Fragen sind dabei eine große Hilfe!

Ich fand schließlich meine Antwort, die inhaltlich hier nicht von Bedeutung ist. Sie machte klar, dass tief in mir noch eine Angst war, die mich zögern ließ.

Ängste behindern uns scheinbar oft in unserem Fortkommen und machen unser Leben gefühlt schwer. Doch Ängste haben auch eine sehr wichtige, wenn nicht sogar eine überlebenswichtige Schutzfunktion für unser Dasein. Sich ihrer bewusst zu werden, sie zu verstehen und sie anzunehmen, ist für die richtige Entscheidung von großer Bedeutung. Denn wer seine Ängste nur verdrängt, trifft Entscheidungen mit unnötig großer Unsicherheit und nimmt verfügbare und relevante Informationen fahrlässig nicht zur Kenntnis. Das kann nicht sinnvoll sein, jedenfalls nicht, wenn es sich um Entscheidungen von großer Tragweite handelt.

Nicht jeder von Ihnen wird wie ich die Chance haben, mit so einem erfahrenen Coachkollegen zu frühstücken und sich dabei solch tiefgründige Fragen stellen zu lassen. Deshalb vielleicht noch ein Tipp:

Falls kein geeigneter Fragensteller zur Verfügung steht, können Sie die Situation auch imaginieren. Stellen Sie sich vor, Sie sitzen mit dem besten Fragensteller der Welt beim Frühstück auf der Terrasse und haben sich schon eine halbe Stunde über das Thema, welches Sie gerade bewegt, unterhalten.

Welche Fragen würde Ihnen der beste Fragensteller der Welt jetzt stellen?

Probieren Sie es aus – bei vielen von Ihnen wird es gut funktionieren. Und falls nicht, dann können Sie immer noch einen professionellen Coach zu Rate ziehen.

Sie möchten noch wissen, wie meine Hausgeschichte ausgegangen ist?

Am Nachmittag des gleichen Tages überschlugen sich die Ereignisse und die Contra-Argumente wurden gravierend aufgewertet. Am Abend erklärte aber auch ganz einfach der Makler, das Objekt sei verkauft.

Viel Lärm um Nichts? Aber keinesfalls – ich habe mal wieder unglaublich viel gelernt – über mich!

Freiraum für Ihre Gedanken

1.16 Eigentlich sollte ich

Eigentlich bin ich ganz anders,
nur komme ich so selten dazu.
Oedoen von Horváth

„Eigentlich will ich mit ihr kurzfristig nochmal ein Gespräch führen, aber was ist, wenn das aus dem Ruder läuft?", fragte meine sichtlich verunsicherte Coachingnehmerin.

Sie war wenige Tage zuvor mit ihrer fast doppelt so alten Kollegin in einen Disput geraten und die unterschiedlichen Auffassungen der beiden Generationen zum Thema Arbeit, Work Life Balance und Gleichwertigkeit zwischen Familie und Beruf waren offen eskaliert. Die Stimmung zwischen den beiden war danach eisig und die schlechte Laune der älteren Kollegin strahlte auf das gesamte, rund zehnköpfige Team, das die beiden Damen gleichberechtigt leiten, aus.

Nun stand meine Coachingnehmerin kurz vor einem lange geplanten, vierwöchigen Jahresurlaub und die Frage, was Sie tun sollte, beschäftigte sie sichtlich.

Sie schwankte offen hin und her: Soll doch die ältere Kollegin auf mich zukommen. Nein, ich muss aktiv werden und die Sache klären. Ach was, ich bin jetzt bald vier Wochen weg, danach hat sich alles beruhigt, aber was ist, wenn doch nicht? Und wie geht es meinen anderen Kolleginnen und Kollegen mit der schlecht gelaunten Leiterin?

Will ich oder will ich nicht. Aktiv werden oder lieber doch bei „eigentlich" verharren. Das ist oftmals wie auch hier keine leicht zu entscheidende Frage. Wir begannen die

Szenarien durchzuspielen: Was gibt es zu gewinnen? Was passiert, wenn das Gespräch gut verläuft? Wie wird Sie sich dann fühlen? Was bedeutet es für die Kollegin? Was für das Team? Was für ihr Gefühl, mit dem sie in den Urlaub fahren wird? Na klar, alles positive Entwicklungen und mit jeder Antwort hellte sich ihre Miene auf, die Energie wuchs, die Zuversicht auch, doch die Probe aufs Exempel stand ja noch aus. Also ran an das negative Szenario.

„Wie wird es sein, wenn das Gespräch komplett misslingt?", fragte ich sie. Die Antwort kam schnell und mit einem Lächeln: „So wie jetzt! Es gibt nichts zu verlieren!"

Damit war die Entscheidung gefallen und ich gab ihr noch ein paar Tipps zum Thema Gesprächsführung mit auf den Weg.

Das Ergebnis erfuhr ich wenige Tage später in einer Mail. „Es war großartig, es hat super funktioniert, in 20 Minuten konnte ich alles deeskalieren!" Bravo – also happy Holiday! Ich gehe zwar davon aus, dass uns das Verhältnis zu der betreffenden Kollegin im Coaching nochmal beschäftigen wird, aber die akute Situation war zunächst einmal sehr erfolgreich gemeistert.

Und so erlebe ich es bei meinen Klienten fast immer: Es fühlt sich viel besser an, der aktive Part zu sein, die Dinge in die Hand zu nehmen und sich auch den unangenehmen Aufgaben zu stellen. Das „Eigentlich" zurücklassen und ins TUN zu kommen, ist emotional immer ein Riesengewinn.

Wie habe ich doch vor kurzem auf einem Plakat gelesen: Machen ist eben wie Wollen – nur krasser! Da ist definitiv was dran.

Was wollen Sie denn „eigentlich" schon lange?

Was müsste „eigentlich" mal getan werden?

Fangen Sie gleich heute mit mindestens einem dieser Dinge an – Sie werden sehen, es fühlt sich großartig an.

Freiraum für Ihre Gedanken

1.17 Einer dieser Tage

Das einzig habe ich bereut:
Nicht zuweilen Pausen gemacht zu haben,
ich wäre den Meinen,
mir und den anderen mehr gewesen.
Paul Keller

Es ist einer dieser Tage, an denen scheinbar alles schief geht. Schon auf dem Weg ins Büro bin ich mal richtig nass geworden, denn den Schirm hatte ich leider vergessen einzupacken. Der erste Kunde des heutigen Tages kam mir gleich irgendwie „blöd". Meine Kollegen waren nervig, anstatt einer netten Aufmunterung gab es nur dumme Sprüche. Das Mittagessen hat mir auch schon mal besser geschmeckt, heute war es echt versalzen. Am Nachmittag wollte ich dringend noch etwas mit meinem Chef besprechen, doch der war außer Haus und ohne Rücksprache kann ich nicht sinnvoll weiterarbeiten. Gerade eben hat auch noch mein Kumpel angerufen und mir für heute Abend abgesagt – keine Zeit, sein Kind ist krank.

Es ist der berühmte „gebrauchte Tag".

Tage dieser Art haben wir alle schon einmal erlebt. Es geht einfach alles schief – alle und alles sind gegen uns. In einem solchen Modus verengen wir unseren Fokus, fahren alle Filter hoch und sehen nur noch das Negative. Selbst wenn jetzt ein netter Anruf käme, würden wir ihn wahrscheinlich nicht als solches wahrnehmen und die Gefahr ist groß, dass wir den netten Anrufer mit einer unvorsichtigen Bemerkung vergrätzen. Und selbst wenn auf dem Rückweg vom Büro zum Auto plötzlich die Sonne scheint, sehen wir wahrscheinlich nur den Dreck auf der Windschutzscheibe, den die (blöde) Sonne jetzt auch noch so richtig sichtbar macht.

STOPP! So können wir nicht weiter machen, wir katapultieren uns immer weiter in die Negativspirale, werden immer unerträglicher für andere aber auch für uns selbst und schon bald herrscht nur noch Frust. Denn, dass „alles" gegen uns läuft, hat viel mit der Bedeutung zu tun, die wir der Situation geben. Die Kollegen waren vielleicht nur lustig und der Einzige, der „dumme" Sprüche gehört hat, war ich. Den Abend hätte ich auch mit einem anderen Freund verbringen können, der schon mehrfach gefragt hatte, wann ich mal wieder Zeit für ihn habe. Solange ich aber in der „alle sind gegen mich"-Phase bin, finde ich keine positiven Lösungen. Ich gefalle mir vielleicht sogar im Selbstmitleid, denn es leidet sich ja so schön. Konstruktive und kreative Lösungen aber finde ich so nicht; schon deshalb nicht, weil ich diesem Modus dafür garantiert die falschen Hormone, nämlich solche, die meine Kreativität einschränken, ins Blut ausschütte. Ein BREAK muss her!

Und das ist leichter, als Sie vielleicht denken – tun Sie sich etwas Gutes! Gönnen Sie sich etwas. Tun Sie etwas, von dem Sie wissen, dass es Ihnen Spaß macht. Warum? Ganz einfach, es aktiviert Ihr Glückszentrum im Gehirn und führt zur Ausschüttung positiver Hormone und schon wird es besser. Sie kommen innerlich zur Ruhe und können plötzlich gelassen auch wieder andere Perspektiven einnehmen.

Also, was könnte Ihnen guttun?

- eine schöne Tasse Tee vor dem Kamin?
- ein leckerer Latte in Ihrer Lieblingskaffeebar?

- ein Anruf bei Ihrem besten Freund, mit dem Sie endlich mal wieder plaudern wollten?

- ein warmes Schaumbad bei Kerzenschein, das Sie in Ihre Träume abgleiten lässt?

- ein leckeres Fischfilet mit einem wunderbaren Weißwein?

- ein Spaziergang in der Natur?

Es gibt wahrscheinlich unzählige weitere Möglichkeiten, suchen Sie etwas, das für Sie perfekt ist. Gönnen Sie sich eine kleine Auszeit, sie öffnet Ihren Blick, ermöglicht neue Perspektiven und durchbricht die Negativspirale.

Am besten Sie fangen gleich damit an!

Freiraum für Ihre Gedanken

2 Arbeit und Beruf

Wähle einen Beruf, den du liebst, und du brauchst keinen Tag in deinem Leben mehr zu arbeiten.

Konfuzius

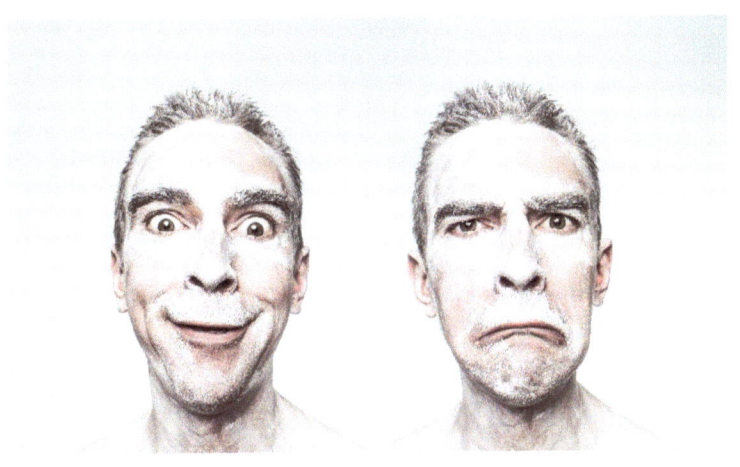

2.1 Ich will besser werden

Wer aufhört, besser zu werden,
hat aufgehört, gut zu sein.
Philip Rosenthal

Dieses Zitat ist Ihnen sicher schon mal so oder in irgend-einer Abwandlung begegnet, es gibt sehr viele davon.

Es ist auch das Motto vieler sehr erfolgreicher Sporttrainer, z.B. von Carlo Ancelotti, den viele Fußballfans sicher als einen der erfolgreichsten Trainer in diesem Sport kennen.

Aber um ganz ehrlich zu sein, mir begegnet es - inzwischen - viel zu selten. Viel zu oft erlebe ich Menschen, die nur auf den schnellen Erfolg aus sind. Sie wollen nicht jeden Tag in der Qualität Ihrer Arbeit besser werden, daher fokussieren sie sich nicht darauf, jeden Tag sehr gute Arbeit abzuliefern und jeden Tag in dem, was sie tun, ein wenig besser zu werden. Sie fokussieren sich darauf, möglichst schnell viel Geld zu verdienen. Und die Anzahl der Menschen, die uns täglich suggerieren, dass sie genau dafür den Schlüssel anbieten könnten (online reich werden, ohne zu arbeiten z.B.) wächst stetig. Doch erfolgreich war schon immer, wer gute Arbeit abliefert und nicht wer nur viel Geld verdienen will.

Ich kenne viele Leute, die in ihrem Leben sehr gute Arbeit abgeliefert haben und täglich bemüht waren und sind, es für ihre Kunden immer ein Stück besser zu machen. Alle diese Menschen sind erfolgreich, verdienen sehr gut und akquirieren nicht mehr, sondern leben vom Empfehlungsgeschäft. Sie alle haben nicht sich selbst und ihren persönlichen Erfolg in den Mittelpunkt gestellt,

sondern versucht, das bestmögliche Ergebnis abzuliefern. Der Erfolg kam damit quasi von ganz allein.

Wer arbeitet, um gute Ergebnisse abzuliefern und es
„richtig" zu machen, der kann seinen wirtschaftlichen Erfolg meist gar nicht verhindern. Wer (nur) arbeitet, um
wirtschaftlich erfolgreich zu sein... (diesen Satz können
Sie selbst vervollständigen).

Und Sie? Wollen Sie es auch jeden Tag besser machen?

Freiraum für Ihre Gedanken

2.2 Die Geschwindigkeit regeln

Die Aufgaben werden nicht verschwinden.
Aber die Zwischenräume könnt ihr weiten.
Quirinius

„Quirinius?", werden Sie vielleicht denken und ja, dieses Zitat entstammt tatsächlich einem Adventskalender, den mir eine Freundin geschenkt hat. Ist es nicht grandios, wie alt (45 v.Chr. - 21 n.Chr. lebte Quirinius) einige Erkenntnisse schon sind und wie zeitlos und top aktuell zu gleich sie auch heute noch sind? Ich finde das faszinierend.

"Hier ist so viel los, ich weiß gar nicht, ob ich Zeit für mein Coaching habe", schrieb ein Klient gerade erst Anfang dieser Woche. Ich kannte das schon von ihm, eigentlich war immer viel los. Aber ich kannte auch das Ergebnis solcher Ankündigungen, denn zum Glück kam er in aller Regel doch.

Die Fülle unserer Aufgaben ist immer groß und selbst wenn wir die oft gepriesenen Organisationsregeln, wie z.B. das Eisenhower-Quadrat[4], konsequent anwenden, werden sie oft gefühlt nicht weniger. Es entsteht all zu leicht das Gefühl, von Aufgabe zu Aufgabe zu hetzen.

Manchmal können wir in der Tat die Aufgaben nicht dezimieren, sie müssen erledigt werden. Wir können jedoch

---

[4] Eisenhower-Quadrat: Organisationsmethode, bei der Aufgaben nach „wichtig" und „dringlich" in eine Vier-Felder-Matrix eingeordnet und danach unterschiedlich bearbeitet werden.

bestimmen, wann wir sie erledigen und – noch wichtiger - wann nicht. Wir entscheiden selbst, wann und für was wir zur Verfügung stehen und wann nicht. Das war an diesem Coachingtag auch Thema mit meinem Klienten, der bislang immer zur Verfügung gestanden hatte.

„Aber dann muss ich ja Nein-Sagen lernen...", sagte er plötzlich und schaute mich nachdenklich an. „Ja, das müssen Sie!", sagte ich und eigentlich wusste er es schon selbst.

Wenn wir ohne Zwischenräume die vielen Aufgaben abarbeiten und ständig von einer Aufgabe zur nächsten hetzen, werden sie uns über kurz oder lang überrollen. Wir werden mehr Fehler machen, der innere Druck wird steigen, das Unwohlsein steigt, die Abwärtsspirale hat begonnen.

Wollen Sie das? Oder wollen Sie doch lieber selbstbestimmt den Weg und die Geschwindigkeit bestimmen – in der Arbeit, aber auch sonst?

Lernen Sie NEIN-Sagen, auch wenn es schwer ist. Mindestens aber lernen sie zu sagen: „Jetzt nicht!"

Freiraum für Ihre Gedanken

2.3 Vorbilder

Jeder Mensch wird als Original geboren,
aber die meisten sterben als Kopie.
Kaspar Schmidt

Haben Sie auch ein großes Vorbild? Jemand, den Sie stets bewundert haben, wie toll er oder sie alle Herausforderungen bewältigt? Jemand, der sehr beliebt ist und dem alle Sympathien zufliegen. Oder jemand, dem scheinbar alles leichtfällt und spielerisch von der Hand geht. Vielleicht hat Sie jemand im Berufsleben sehr gefördert und Sie haben ihn oder sie stets „vergöttert"?

So geht es ohne Zweifel vielen Menschen, besonders jungen Menschen zu Beginn ihres Berufslebens. Dann kommen irgendwann die ersten größeren Herausforderungen und Lösungen sind gefragt. Da ist es nur zu natürlich, dass wir auf unser Erfahrungswissen zurückgreifen und das ist dann oftmals geprägt vom „großen Vorbild". Wie hat er oder sie das nochmal gemacht? So mache ich es auch.

Soweit – so nachvollziehbar. In Grenzen ist das auch okay, insbesondere, wenn ich nicht versuche, es genauso zu machen wie das Vorbild, sondern sein Verhalten eher als Inspiration, als eine gute Möglichkeit zur Lösung ansehe. Leider erlebe ich oftmals etwas anderes, nämlich die unreflektierte Kopie von Verhalten, im Extremfall bis zur identischen Wortwahl – und das funktioniert so gut wie nie!

Wir können andere nicht kopieren – egal wie erfolgreich der- oder diejenige ist. Es ist der persönliche Weg des

Einzelnen, ein anderer kann diesen Weg in identischer Form nicht gehen.

Was für einen charismatischen Senior sehr gut funktionieren mag, ist für einen dynamischen Junior vielleicht der völlig falsche Ansatz. Was Sie vor 15 Jahren bei Ihrem Chef bewundert haben, passt heute vielleicht nicht mehr in die agile Zeit.

Und – ist es überhaupt erstrebenswert, es so zu machen, wie ein anderer? Ist es nicht viel reizvoller, alle Erfahrungen als Impulse mitzunehmen und dann damit den eigenen Weg zu finden – Ihren Weg!

Ich glaube, das ist schon deshalb gut und richtig, weil das Leben immer wieder Herausforderungen bereithalten wird, die es so noch nicht gegeben hat und für die Sie daher kein Lösungsschema kopieren können. Das Jahr 2020 mit der Corona-Pandemie, die wohl niemand in dieser Form erwartet hat, ist das perfekte Beispiel dafür. Wenn ich aber nicht gelernt habe, meine Lösungen zu finden, dann stehe ich jetzt hilflos da und das ist kein gutes Gefühl.

Deshalb, bitte gehen Sie Ihren eigenen Weg!

Nehmen Sie alles mit, was Ihnen hilfreich erscheint (Erfahrungen, gute Beispiele, Tools und Hilfestellungen) und dann finden Sie Ihre Lösung, seien Sie Sie selbst – eine authentische Person mit Ecken und Kanten, mit eigenen Ideen und Lösungen, mit eigener Meinung und Argumenten, lernbereit und offen, aber auch standhaft und die eigenen Überzeugungen vertretend.

Werden Sie keine Kopie wovon auch immer – seien Sie Sie selbst!

Freiraum für Ihre Gedanken

2.4 Mit Freude tun

Wenn die Arbeit ein Vergnügen ist,
wird das Leben zur Freude.
Maxim Gorki

Mein Klient sah müde aus, als er an diesem Tag meinen Coachingraum betrat. Seine Schultern hingen herab, die Augen hatten Ränder, er wirkte, als hätte er viel zu lange gearbeitet. Es war allerdings erst 15 Uhr.

„Es ist einfach anstrengend, es geht mühsam von der Hand und gefühlt immer zwei Schritte vor und einen zurück.", so beschrieb er seine aktuelle Arbeitssituation. „Es ist alles kompliziert, es macht mir einfach keinen Spaß."

„Kenn ich!", sagt Ihre innere Stimme?
Tatsächlich geht es vielen Menschen genauso, wie meinem Klienten. Sie haben einen Beruf gewählt, den sie sich als spannend erhofften, in dem sie hofften, Ihre Talente entfalten zu können, sich einbringen und gestalten zu können. Gestartet mit viel Elan werden die Menschen oft von zwei Effekten eingeholt: Die einen haben sich schlicht in der Berufswahl vertan, der Job hält nicht, was er versprochen hat. Die anderen haben zwar den richtigen Beruf gewählt, aber den falschen Arbeitgeber, die Firma hält nicht, was sie versprochen hat. Die Organisation und die Arbeitsabläufe sind zäh und sie können sich nicht „ausleben".

Beides macht das Arbeiten schwer, es fehlt die Freude an der Arbeit und dann ist das unheimlich anstrengend und die meisten fühlen sich müde und ausgelaugt. Komischer Weise machen (sehr) viele trotzdem einfach weiter.

Dabei gilt doch der Leitspruch: „Wenn es gut sein soll, muss es leicht sein!"

Was leicht von der Hand geht, macht Spaß und Freude und was wir mit Spaß und Freude tun, wird meist sehr gut und erfolgreich und fühlt sich damit leicht an. Und schon haben wir einen Positivkreislauf!

Das aber bedeutet, Sie können nicht einfach weiter machen, sondern müssen den negativen Kreislauf durchbrechen. Sie müssen entweder den Beruf suchen, der Ihnen wirklich Spaß macht, in dem Sie aufgehen, der genau Ihren Neigungen entspricht. Oder aber Sie müssen sich aufmachen und genau den Arbeitgeber suchen, der Ihnen die Arbeitsbedingungen bietet, die Sie brauchen, um sich optimal zu entfalten und Spaß an der Arbeit zu haben. Beides wird nicht geliefert, Sie müssen es selber finden!

Am Anfang steht also zunächst die Suche nach einer neuen Idee für Ihren Beruf oder Ihren Arbeitgeber.

„Aber soll ich wirklich meinen sicheren Job aufgeben?", fragte mein Klient am Ende der Sitzung.
Ich schwieg, er kannte die Antwort.

Sie werden etwas aufgeben müssen, um zu erleben, wie es denn leicht gehen und Spaß machen könnte.
Sie können natürlich auch unzufrieden weitermachen, aber ob das die bessere Alternative ist... ?

Freiraum für Ihre Gedanken

2.5 Chef und Kollege

Wir sind zur Zusammenarbeit geboren.
Marc Aurel

Teamarbeit war vielleicht schon immer einer der großen Erfolgsfaktoren in Unternehmen. Unstrittig ist, dass in unserer VUCA-Welt[5] eine erfolgreiche Zusammenarbeit im Team einer der wichtigsten Schlüssel zum Erfolg ist. Doch spätestens, wenn mehrere Teams auf verschiedenen Ebenen der Hierarchie bestehen, wird es oftmals besonders schwierig. Dann nämlich doppeln sich die Rollen einzelner Führungskräfte: Ich bin vielleicht Leiter eines Vertriebsbereiches, z.B. Schleswig-Holstein, und führe Kolleginnen und Kollegen, die selbst auch wieder eigene, kleinere Vertriebsbereiche mit Mitarbeitern führen. Ich bin aber auch Kollege und Mitglied im Team meines eigenen Chefs, der vielleicht die gesamte Vertriebsregion, z.B. Deutschland, verantwortet.

Und sofort wird klar, dass mir einige klassische double bind[6] Situationen bevorstehen werden, denn keinesfalls werden alle Botschaften meines Chefs, denen ich als Teammitglied loyal verpflichtet bin, für das Team, welches ich führe, in gleicher Weise geeignet sein bzw. dort Begeisterung auslösen. Die Konflikte liegen offen auf der Hand, doch wie damit umgehen? Was siegt? Die Loyalität zum eigenen Team und die gefühlte Verpflichtung

---

[5] VUCA steht für die Abkürzung der vier englischen Begriffe Volatilität, Unsicherheit, Komplexität und Mehrdeutigkeit. Es beschreibt die aktuellen, schwierigen Bedingungen der Unternehmensführung.
[6] In der Kommunikation bezeichnet man damit widersprüchliche Botschaften oder Aufträge, die eine Person erhält.

gegenüber den mir unterstellten Führungskräften? Dann werde ich vielleicht die Kollegen im anderen Team und natürlich auch meinen Chef enttäuschen müssen. Oder bin ich näher am Team meines Chefs, dann werde ich vielleicht von meinem eigenen Team nicht immer so loyal erlebt werden, wie es sich meine Kolleginnen und Kollegen wünschen würden. Verliere ich jedoch die Loyalität und das Engagement meines Teams, wird unweigerlich die Leistung nachlassen und die Ergebnisse werden sich – wahrscheinlich sogar ziemlich zügig – verschlechtern. Das kann ich auch nicht wollen.

„So geht es mir jeden Tag!", sagt jetzt eine innere Stimme in Ihnen? Ja, das ist die klassische Sandwichposition des gesamten Mittelmanagements.

Jetzt wäre es schön, eine Musterlösung zu haben, doch damit kann ich leider auch nicht dienen, weil es die eine Musterlösung nicht gibt.

Vor einigen Wochen durfte ich jedoch eine Führungskraft begleiten, die sich genau in dieser Situation befindet und die sehr mutig folgende Schritte zur Lösung ihrer double bind Situation angegangen ist:

Der erste Schritt war, überhaupt zu erkennen, dass es ein double bind gibt und dieses dem eigenen Team gegenüber auch zu artikulieren. Vielleicht hatten die Führungskräfte in dem Team, welches er selbst führt, darüber noch gar nicht nachgedacht. Als nächstes stellte er sich dann dem Feed-Back der Kolleginnen und Kollegen. Er wollte detailliert erfahren, wie er aktuell erlebt wird und was dieses Erleben in seinem Team auslöst.

So vorzugehen erforderte viel Kraft und Mut, denn er wusste ja nicht, welches Feed-Back er konkret bekomme würde.

Ein solcher Dialog aber ermöglicht eigene neue Erkenntnisse, offenbart Reflexionsmöglichkeiten und neue Handlungsnotwendigkeiten, die ich vielleicht bis dahin nicht gesehen habe. Im Gegensatz zu einer mir oft zugetragenen Sicht der Dinge ist das keine Schwäche, sondern zeigt gerade die enorme Stärke einer Führungskraft und fördert ihre Wertschätzung und Anerkennung im eigenen Team. Schwelende Konflikte werden bearbeitbar, neue gemeinsame Grundlagen und gegenseitiges Verständnis können geschaffen werden. Damit ist der erste Schritt meist getan!

Die Wertschätzung, die diese Vorgehensweise der von mir begleiteten Führungskraft bescherte, wird vielleicht am besten in der Äußerung eines Teilnehmers aus seinem Team deutlich: „Jetzt sind wir genau an dem Punkt, an den ich mir gewünscht habe zu kommen, und von dem ich fest überzeugt war, dass wir niemals dahin kommen werden."

Als Coach war es eine großartige Erfahrung, ein Team dabei unterstützen zu dürfen, einen Schritt voran zu kommen und eine mutige Führungskraft zu erleben, die diese persönlich herausfordernde Situation selbstkritisch und aktiv angegangen ist. Er blieb jederzeit wertschätzend gegenüber seinem Team, aber auch klar und standfest in seinen zentralen unternehmerischen Botschaften.

Führungskraft ist kein leichter Beruf – das sage ich seit 20 Jahren, das double bind macht es sehr deutlich.

Und Sie? In welchen Sandwichpositionen stecken Sie und wie gehen Sie damit um?

Freiraum für Ihre Gedanken

2.6 Arbeiten nach Corona

Intelligenz ist die Fähigkeit,
sich dem Wandel anzupassen.
Stephen Hawking

„Die Arbeitswelt nach Corona wird eine andere sein."

Diesen Satz haben Sie – genau wie ich – im Jahre 2020 wahrscheinlich sehr oft gehört. Dass er richtig ist, dürfte außer Frage stehen. Die entscheidende Frage aber ist, wie wird sich das Arbeitsleben nachhaltig ändern? Was ist nur eine kurzfristige Krisenreaktion und was wird sich dauerhaft durchsetzen.

Ich weiß nicht, was sich langfristig wirklich verändern wird. Ich lese zwar immer häufiger Artikel von Menschen, die mir da offensichtlich weit voraus sind und schon genaue Vorhersagen machen können – ich will mir das keinesfalls anmaßen.

Was werden die Unternehmen aus der Corona-Pandemie lernen? Ein paar Gedanken:

Globalisierung – lange fast glorifiziert, heute unzweifelhaft erreicht und das Virus zeigt uns ziemlich eindeutig die Folgen. Egal, wo auf der Welt eine größere Krise ausbricht, sie erreicht uns. Abschotten geht nicht mehr, das wird sehr deutlich. Plötzlich keine Waren mehr aus Fernost – plötzlich nicht mehr handlungsfähig, auch das wird klar. Mögliche Lehren: Es kann uns nicht egal sein, was irgendwo auf der Welt passiert, „die da in…" ist kein erfolgversprechender Denkansatz – auch nicht in der Politik, in der einige „Staatsmänner" damit gerade verstärkt unterwegs sind. Produktion in Fernost ist billig, aber gäbe es viele Waren nicht auch aus der eigenen Region? Ist

„Geiz ist geil" wirklich noch die Philosophie der Zukunft? Wollen wir immer nur darauf schauen, dass es möglichst billig ist?

Virtuelle Teams vs. persönliche Zusammenarbeit – das ist für mich einer der besonders spannenden Aspekte. Was werden die Unternehmen lernen? Seit Corona erleben wir einen Home-Office-Boom wie noch nie und damit auch Führung auf Distanz. „Und funktioniert doch – machen wir in Zukunft viel intensiver!?" Oder: „Wie schrecklich, es gibt keine persönlichen Begegnungen mehr, das persönliche Gespräch ist durch nichts zu ersetzen, jetzt merken wir erst, wie wertvoll das ist." Werden Führungskräfte sich in Zukunft besinnen, mehr Zeit in Gespräche mit ihren Mitarbeitern zu investieren? Oder werden wir doch noch viel technischer und bald führt eine virtuelle Führungskraft a la Alexa? Auf jeden Fall scheint die Krise auch einen „Kompetenzregen" mit sich gebracht zu haben – wer nicht plötzlich alles Experte für virtuelles Arbeiten, Online-Guru oder Videoexperte ist. Ich werde gerade mit Angeboten „zugemüllt", anders kann ich das nicht mehr nennen. Dabei erreichen mich Angebote von Menschen, von denen ich genau weiß, dass sie vor wenigen Wochen fast gar nicht online gearbeitet haben. Ich weiß beim besten Willen nicht, wie ich auf all die E-Mail-Verteiler gekommen bin, die täglich Newsletter mit „Ich kann Dich online machen"-Müll in mein Postfach spülen. Dahinter aber steht für mich vor allem die Frage: Besinnen wir uns alle, kleine wie große Unternehmen, auf das, was wir wirklich können? Liefern wir in Zukunft noch mehr Qualität oder verkaufen wir irgendetwas, Hauptsache verkauft? Krisenmodus oder Glaubwürdigkeit?

Reisen – auch so ein Thema mit großen Veränderungen. Es ist so ruhig am Himmel, wo sonst jeden Morgen diverse Flugzeuge über meinen Kopf gen Hamburg Airport jagen. In den letzten Jahren habe ich viele Manager kennengelernt, die quasi nur auf der Straße waren. Und ich meine nicht Führungskräfte, die etwa im Umkreis von 50 km mehrere Filialen führen und dadurch auch viel auf der Straße sind. Nein, ich meine eher Menschen, die Kunden oder Standorte in 4-5 Bundesländern verantworten und ca. 80000 km im Jahr meist telefonierend im Auto verbringen, die zweimal die Woche zwischen Standorten hin- und herfliegen oder mit dem Mantel über dem Arm abgehetzt gerade noch den letzten Zug erwischen und das auch nur, weil dieser verspätet ist. Wird das alles bald wieder so sein, wie vor Corona, oder nicht? Werden wir Regionen sinnvoller schneiden, virtuelle Führungsinstrumente da einsetzen, wo sie sinnvoll sind, werden wir Mitarbeitern mehr Freiräume, Verantwortung und Entscheidungsspielräume geben, damit Führungskräfte weniger reisen müssen? Werden wir (endlich!) überlegen, welche Meetings überhaupt sinnvoll sind oder auch schlicht ersatzlos entfallen können, ohne dass wir einen Qualitätsverlust erleiden? Wohin wird die Wirtschaftswelt zurückkehren? Kehren wir zu alten Mustern zurück oder arbeiten wir doch anders und sinnvoller? Und was macht die Pandemie mit den Menschen und ihren Prioritäten? Noch mehr Power auf Karriere und Beruf oder doch viel mehr Ausgleich und Nachdenken, wofür ich wirklich zur Verfügung stehe?

Vergütungsfragen – ein letzter, kurz gehaltener Gedanke. Viel diskutiert wird die Frage, wer gerade die Welt „am Laufen hält". Es sind weit überwiegend die Berufe, die bei uns eher schlecht bezahlt werden und ein niedriges soziales Ansehen genießen. Ist die Krise also vielleicht der Auftakt eines nachhaltigen Umdenkens? Kommen wir dahin, dass Menschen alle gleich wichtig sind, egal welchen Beruf sie ausüben? Kommen wir dahin, dass Menschen in jedem Beruf von ihrem Gehalt angemessen leben können? Man darf gespannt sein, denn mehr zu verteilen wird es nach der Krise nicht geben. Also wird Umverteilung einen Lösungsansatz bieten, was aber heißt, dass auch einige abgeben müssen, damit andere mehr bekommen können. Sind Millionengehälter für Top-Manager, die unglaublich hohe Verantwortung tragen, weiterhin gerechtfertigt oder nicht? Werden noch mehr Millionengehälter für Spitzensportler in einigen wenigen Sportarten, die dann oftmals auch noch zweifelhafte Vorbilder abgeben, gezahlt werden oder ist das vorbei? Lassen wir es so stehen.

Es gibt sicher noch viele weitere Aspekt im Arbeitsleben, die man aufgreifen könnte, aber ich bin kein Philosoph. Vielleicht fügen Sie für sich noch weitere Aspekte hinzu. Ich bekenne, dass ich mehr Fragen als Antworten habe und das ist auch gar nicht schlimm.

Zustände dieser Art eignen sich bestens für die Suche nach persönlichen Lösungen, nach eigenen Präferenzen, nach dem, was mir wichtig ist und was ich gerne tun möchte. Wenn es Ihnen also ähnlich geht, dann ist das auch für Sie eine wunderbare Chance.

Was möchten Sie in Ihrem Berufsleben ändern? Welchen nachhaltigen Impuls nehmen Sie für sich durch Corona mit? Wissen Sie noch nicht genau?

Viel Spaß bei der Suche!

Freiraum für Ihre Gedanken

94

2.7 Talent

Wir alle haben Talent.
Wie wir es nutzen macht den Unterschied.
Stevie Wonder

Ja, Talent haben wir alle, doch wo genau liegen Ihre Talente?
Sie haben keine Ahnung?

So geh es leider vielen Menschen und deshalb machen sie weiter wie bisher, sind mäßig erfolgreich und dabei auch noch unzufrieden. Ist das der richtige Modus fürs Leben? Nein, ich glaube nicht. Deshalb sollten wir nochmals darüber nachdenken, was die richtige Reaktion auf die Tatsache ist, dass wir unsere Talente oftmals nicht kennen. „Suchen!", ruft die innere Stimme in Ihrem Kopf? Sie hat recht – suchen ist viel besser, als einfach mit dem weiterzumachen, was Sie gerade tun. Wenn wir nämlich unsere Talente nicht erkennen, dann können wir auch nichts aus ihnen machen. Ich weiß nicht, ob Stevie Wonder auch diesen Aspekt im Blick hatte, als er das o.g. Zitat sagte. Aber an dieser Stelle geht es los, erst müssen wir unsere Talente finden, dann können wir etwas aus ihnen machen.

Viele Menschen arbeiten jahrelang in Aufgaben, die Ihnen keinen Spaß machen, keine Freude bereiten, ihnen schwerfallen und die sie als mühsam empfinden. Das alles sind deutliche Indizien dafür, dass sie etwas tun, für das sie auch kein Talent haben. Denn wenn wir für etwas Talent haben, dann fallen uns zumindest die ersten Schritte meist leicht, die ersten Erfolge stellen sich schnell ein.

Dazu passt vielleicht die immer wieder erzählte Geschichte des zweifachen Darts Weltmeisters, des Schotten Gary Anderson, der als einer der elegantesten Spieler auf der Bühne gilt. Von ihm wird berichtet, dass seine drei ersten Pfeile, die er jemals auf die Scheibe geworfen hat, sofort eine perfekte Aufnahme von drei Pfeilen im Kleinen (nur 8 mm breiten) Triple-20-Feld gewesen sein soll. Ob diese Geschichte stimmt oder sich nur im Laufe der Jahre verselbständigt hat, weiß ich nicht. Wer Gary Anderson bei der Ausübung seines Berufes zuschaut, wird jedoch unweigerlich zu dem Schluss kommen: Gary hat Talent!

Talent allein reicht jedoch nicht aus, um nachhaltig erfolgreich zu sein, das ist keine Frage. Natürlich müssen wir auch etwas „daraus machen". Das ist dann meist mit viel üben, mit ständigem Lernen, mit dem Willen, immer besser werden zu wollen und mit viel Arbeit verbunden. Geschenkt bekommen wir im Leben nun mal nichts. Sie werden jedoch feststellen, dass alles leichter von der Hand geht, wenn Sie Ihre Talente gefunden haben.

Deshalb: Finden Sie Ihre Talente und dann machen Sie etwas daraus. Auch wenn das dann immer mit viel Arbeit verbunden ist, geht es doch leichter von der Hand und macht viel mehr Spaß!

Freiraum für Ihre Gedanken

2.8 Keep it short and simple

Wenn es besser werden soll,
muss es leicht sein.
Thomas Baschab

Ein neues Projekt steht an und die Lösung muss natürlich vor allem eines sein: großartig!

Wichtig ist, viel Individualität zu schaffen, auch für alle Ausnahmen und Eventualitäten eine Lösung zu bieten, bloß nichts Triviales, es muss schon auch wissenschaftlich anspruchsvoll sein.

So beginnen viele Projekte und natürlich ist nichts dagegen einzuwenden, wenn die Projektauftraggeber ambitioniert sind und mit ihrem Projekt gewisse Ansprüche verbinden.

Allerdings entsteht so meist ein ziemlich komplexes Projektergebnis. Für das Projektteam ist das kein Problem. Es Außenstehenden zu erklären, ist jedoch oft schwierig, selbst wenn diese sich Mühe geben, verstehen sie das Ergebnis häufig nicht.

Der Kommunikationsaufwand ist also hoch, die meisten Führungskräfte haben Probleme mit der Umsetzung und viele Mitarbeiter sind skeptisch, ob das wohl erfolgreich sein wird. Begeistert anpacken wird erstmal niemand.

Wie hoch schätzen Sie unter diesen Umständen die Erfolgswahrscheinlichkeit in der Umsetzung ein? Genau, da muss man erstmal überlegen und dann eine diplomatische Antwort suchen.

Leider erlebe ich aber genau dieses Vorgehen immer wieder - sowohl in Unternehmen als auch bei meinen Beraterkollegen. Dabei galt schon vor Jahrzehnten „KISS" (keep it short and simple) als eine der wirkungsvollsten Erfolgsformeln und das zu Recht. Es muss nicht möglichst komplex sein. Es muss nicht für jede Eventualität eine Lösung bieten, schon deshalb nicht, weil niemand alle Eventualitäten vorhersehen kann (oder haben Sie Corona vorhergesehen?).

Gehen Sie einmal in sich: Wie wirkt es sich auf Ihre Kaufmotivation aus, wenn Sie schon vor einer Anschaffung wissen, dass Sie einhundert Seiten Bedienungsanleitung lesen müssen und auch noch zwei YouTube-Tutorials anschauen sollen? Genau, Sie kaufen diese Sache wahrscheinlich nicht. Oder denken Sie an die immer wieder einmal eingehenden Bitten, sich an Umfragen zu beteiligen. „Ihr Zeitaufwand beträgt etwa 5 Minuten!" oder „Ihr Zeitaufwand beträgt etwa 30 Minuten!" Wo machen Sie mit? Komplexität ist abschreckend nicht anziehend. Ein letztes Beispiel: Vor kurzem las ich eine Rezension über ein fünfhundertseitiges Fachbuch, sie endete: „Die Autoren versuchen viel zu viele Themen in ein Buch zu pressen, darunter leidet die Qualität." Haben Sie noch Lust das Buch zu lesen?

Die Kunst ist, die Dinge fachlich gut zu lösen und dabei trotzdem zu einfachen, schnell umsetzbaren und leicht verständlichen Lösungen zu kommen. Dann nämlich haben wir auch schnell „Quick-wins" und genau die brauchen wir, um möglichst viele weitere Menschen von den Projektergebnissen zu überzeugen und in eine positive Umsetzungsspirale zu kommen. Sehen Sie zu, dass Sie bereits die ersten Erfolge feiern (und feiern Sie auch!), während die anderen noch die Bedienungsanleitung lesen.

Auf einem Tageskalender las ich vor einigen Wochen folgenden Spruch:

> *Wenn es einfach nicht geht,*
> *dann geht's einfach nicht.*

Besser kann man es wohl nicht zusammenfassen.

Freiraum für Ihre Gedanken

2.9 Mein Beitrag

Erfolg hat drei große Buchstaben: TUN!"
Johann Wolfgang von Goethe

In einer Umfrage des Instituts für Beschäftigung und Employability (IBE) unter rund 400 Führungskräften gaben 74% der Befragten an, sie hätten Angst, ihr Unternehmen könnte durch die Corona-Krise über kurz oder lang in Konkurs geraten. Damit ist sofort klar, dass in der Pandemie enorme Angst und Verunsicherung unter Führungskräften in Unternehmen herrschte.

Über 90% der Befragten hielten Staatshilfen in unterschiedlicher Form inkl. einer möglichst einfachen Antragstellung für geeignet, Insolvenzen abzuwenden.

Auch der Blick auf das, was das Unternehmen selbst tun kann, ist durchaus vorhanden. Etwa 90% der Befragten waren der Meinung, strategische Partnerschaften mit anderen Unternehmen oder Kunden seien geeignet, die Krise abzuwenden.

76% der Befragten waren schließlich der Meinung, dass neue Arbeitsmodelle und Arbeitsorganisationen entstehen werden, die auch nach Corona Bestand haben. Dabei gingen fast alle Befragten davon aus, dass dazu insbesondere virtuelle Kommunikationsplattformen und flexiblere Arbeitszeitmodelle gehören werden.

Soweit – so gut!

Ich teile vieles davon und mich beschäftigt vor allem eine Frage, die sich in vielen Befragungen immer wieder stellt: Wir bewegen uns sehr stark auf der organisatorisch technischen Ebene, wenn wir über die Frage diskutieren, wie Corona die Arbeitswelt langfristig verändern wird. Das mag angesichts der Geschwindigkeit, mit der wir in den vergangenen Monaten Veränderungen in diesem Bereich erlebt haben, nachvollziehbar sein. Und dennoch bin ich überzeugt, dass Technik und Organisation, virtuelle Plattformen und Arbeitszeitmodelle nur notwendige aber niemals hinreichende Bedingungen sind, um zukünftig erfolgreich zu sein.

Vielleicht hat die zitierte Studie nicht danach gefragt, aber ich vermisse die Frage: Was kann jede einzelne Führungskraft selbst dafür tun, die Krise zu bewältigen? Wie muss **ich** selbst mich verändern? Was muss **ich** lernen, um unter neuen Rahmenbedingungen auch zukünftig erfolgreich und vor allem zufrieden zu sein? Was kann **ich** tun, meine Mitarbeiter und Mitarbeiterinnen erfolgreich in die Zukunft mitzunehmen und – idealer Weise – an der Gestaltung dieser gemeinsamen Zukunft zu beteiligen? Wie sieht **mein** ganz persönliches Szenario der erfolgreichen Zukunft aus?

Ich bin sicher, Sie verstehen, was ich meine und so gebe ich diese Fragen an Sie weiter:

Was können Sie tun, was wollen Sie tun, was werden Sie tun, um eine derartige Krise zu bewältigen und danach in einer neuen, veränderten Arbeitswelt positiv durchzustarten?

Das ist genau die Frage, die ich überall vermisse – was ist der Beitrag, den jeder einzelne im Unternehmen leisten kann und leisten will?!

Wenn wir alle diese Frage nicht stellen, dann warten wir – auf den Staat, auf das Unternehmen (wer auch immer das ist?), auf wen auch immer. Warten aber ist eine passive Position, die uns eher ein Gefühl des Ausgeliefertseins und der Hilflosigkeit vermittelt. Ich kenne niemanden, für den das eine angenehme Position ist. Wir brauchen Aktivität und Gestaltungsmöglichkeit und davon gibt es genug!

Es sind immer die einzelnen Menschen, die den Unterschied machen – fangen Sie an!

Freiraum für Ihre Gedanken

2.10 Eigene Wege

*Geh nicht immer auf dem vorgezeichneten Weg,
der nur dahin führt, wo andere bereits gegangen sind.*
Alexander Graham Bell

Wie sind Sie zu Ihrem Beruf gekommen? Viele Menschen beantworten diese Frage oftmals mit, „das lag bei uns schon in der Familie". Die Wege der Eltern werden häufig übernommen, Traditionen fortgeführt und Firmen an die nächste Generation übergeben. Wenn das zu der eher glücklichen Konstellation führt, dass auch die nächste Generation darin ihre Berufung gefunden hat und nicht nur einen Beruf ausübt, ist dagegen nichts zu sagen.

Häufig erfolgt die Berufswahl auch aufgrund von „guten Ratschlägen", die oftmals keine sind, obwohl sie mit ausschließlich positiver Intention abgeben wurden. „Mach erst eine kaufmännische Lehre, dann hast Du etwas sicheres", lautete über viele Jahre hinweg einer der häufigsten dieser Ratschläge.

So geraten wir im Leben oft auf Wege, die schon vorgegeben sind, weil andere sie gegangen sind, besonders wenn wir den Betrieb unserer Eltern übernehmen oder den gleichen Beruf erlernen, wie ein Elternteil. Aber auch viele andere Wege, die schon gegangen wurden, stehen für uns bereit, weil diese vermeintlich erfolgreich oder sicher sind.

Ob diese nicht selbst gewählten Wege zufrieden machen, ist dabei häufig unklar. Zufriedenheit ist aber fast immer eine grundlegende Voraussetzung für Erfolg. Wege, die wir nicht wirklich selbst gewählt haben, gehen wir oft auch nur halbherzig, mit eingeschränkter Energie und halbem Engagement. Warum sollten wir auch alles geben, wenn wir einen Weg eingeschlagen haben, der uns „sicher erfolgreich" macht.

Vor kurzem las ich ein Buch mit vielen Interviews, die mit ganz unterschiedlichen Menschen geführt wurden. Vom großen Bühnenstar bis zur erfolgreichen Chefärztin war alles dabei. Die letzte Frage lautete immer, was diese erfolgreichen Menschen jungen Menschen für ihre Berufswahl raten würden. Die häufigste Antwort lautete sinngemäß, sich etwas zu suchen, was einem wirklich Spaß macht, woran man Freude hat, wofür man brennt und daran die Berufswahl zu orientieren. Auch ich kann dem nur zustimmen.

Das aber bedeutet, es geht darum, eigene Wege zu finden, denn diese machen häufig glücklicher. Diese sind nicht leicht zu finden und sind anstrengender zu beschreiten, denn jeder Schritt wird zum ersten Mal gesetzt. Alle Hindernisse auf diesen Wegen müssen erst beseitigt werden. Schließlich aber schaut man glücklich zurück auf die eigenen Spuren des Lebens.

Wie sang schon vor vielen Jahren Frank Sinatra:
"I did it my way..."

Trauen Sie sich - suchen und gehen Sie eigene Wege!

Freiraum für Ihre Gedanken

2.11 Seien Sie fehlbar

Wenn ich mein Leben nochmal leben könnte,
würde ich die gleichen Fehler machen.
Aber ein bisschen früher,
damit ich mehr davon habe.
Marlene Dietrich

Es ist chancenlos – wir alle machen Fehler. Menschen, die keine Fehler machen, gibt es nicht. Oder doch?

Unlängst war ich mit einem Unternehmer zum Essen verabredet, den ich seit vielen Jahren kenne und sehr schätze. Vor einem Jahr hatte er mir erzählt, dass bald ein junger Kollege als sein Stellvertreter starten wird, den er langfristig auch zum Nachfolger aufbauen möchte. Ich war von ihm begeistert, denn diese Weitsicht, viele Jahre vor dem eigenen Ausstieg die Unternehmensnachfolge aktiv zu planen, fehlt leider vielen Mittelständlern.

Ich war also gespannt, was er Neues zu berichten hatte und das Thema ließ dann auch nicht lange auf sich warten. Leider hatte er keine guten Nachrichten. Der mit Freude erwartete und auch sehr engagiert gestartete junge Kollege war inzwischen zum echten Problem geworden.
„Mein junger Kollege weiß alles besser, er kann alles, er macht keine Fehler und immer sind die anderen Schuld, die er dann gnadenlos abfertigt." Dies ist allerdings nur die Kurzversion.

Ich war – um ehrlich zu sein – doch etwas geschockt, vielleicht weil ich angenommen hatte, dieser Typus von Führungskräften gehöre inzwischen der Vergangenheit an. Selbstbewusstsein ist gut und notwendig, um erfolgreich zu sein bzw. zu werden. Kritische Selbstreflexion und eine realistische Einschätzung der eigenen Stärken und Schwächen aber auch. Und dass Teamarbeit heute viel wichtiger ist, als die „ich weiß und kann alles Mentalität", ist doch wohl selbstverständlich. Ich habe mich offenbar geirrt.

So aber kommen Sie als Führungskraft heute nicht mehr durchs Leben, das Scheitern ist früher oder später vorprogrammiert. „Unfehlbare" Führungskräfte sind zum Glück Auslaufmodelle.

Überhaupt ist der zielführende Umgang mit Fehlern gerade in aller Munde, denn ein Teil von New Work ist auch eine positive, konstruktive Fehlerkultur und da gibt es vielerorts noch mehr als genug zu tun.

Wie steht es mit Ihnen? Was ist Ihr Lieblingsfehler, weil Sie aus ihm am allermeisten gelernt haben? Ohne welchen Fehler wären Sie heute niemals der, der Sie sind?

Na klar, im ersten Moment tun Fehler auch weh. Aber sie sind die beste Chance, die wir haben, täglich ein bisschen besser zu werden. Und Führungskräfte, die in ihrem Selbstbild keine Fehler machen, sind heute nicht mehr akzeptanzfähig.

Also, nobody is perfect! Bitte kommen Sie nicht durch die Tür mit:

"Good morning, my name is nobody!"

Ach ja, und der junge Kollege? Ich fürchte, der bekommt eine neue Chance, sich seine Fehler nochmals bewusst zu machen und in einem anderen Unternehmen daraus zu lernen, wenn er denn will. Schade für alle, denn auch mein befreundeter Unternehmer steht damit in seiner Nachfolgeplanung wieder am Anfang.

Freiraum für Ihre Gedanken

2.12 Glück haben

Glück braucht man natürlich,
aber Talent, Fleiß, Disziplin und Ausdauer
sind mindestens genauso wichtig.
Andre Rieu

Über kaum etwas wird so viel diskutiert wie über Glück. Auch im Berufsleben scheint Glück eine Rolle zu spielen und wahrscheinlich ist dem zumindest teilweise so. Jedenfalls ist das die Wahrnehmung vieler Menschen, gerade wenn es z.B. um Personalentscheidungen geht.

„Ich hätte auch gerne mal Glück, wenn es um Beförderungen geht", sagte ein Klient zu mir. Auf Nachfrage ergänzte er: „Für die neue Projektleiterstelle wurde mein Kollege Tom ausgewählt, obwohl...", den Rest ersparen wir uns, denn was mein Klient noch ausführte war eine Mischung aus Enttäuschung und Selbstmitleid. Das Ganze war kombiniert mit seiner höchst subjektiven Bewertung von Tom und dem noch subjektiveren Vergleich mit sich selbst, in dem er natürlich der deutlich bessere Kandidat war.

Das kann ich alles verstehen und bevor jemand hier auf falsche Gedanken kommt, ich habe meinem Klienten auch viel Zuspruch zu Teil werden lassen. Aber dafür allein kommt er nicht zu mir und so begann danach die Phase der Aufarbeitung.

Die letzte Fortbildung hatte mein Klient ausgelassen. Die letzte Managementpräsentation? Er war leider krank und Sie ahnen, wer die Präsentation gehalten hat. Der letzte Netzwerkabend, auf dem traditionell Kontakte geknüpft und gepflegt werden, hatte leider ohne ihn stattgefunden.

Er hatte private Verpflichtungen. So machten wir noch eine Weile weiter.

Nach diesen Ausführungen meines Klienten schwieg ich dann und er auch. Schließlich fragte ich ihn: „Wenn Du in Zukunft mehr Glück haben möchtest, wie könntest Du dem Glück signalisieren, dass es dringend mal wieder bei Dir vorbeischauen sollte?"

Es geht gar nicht darum, dass es nicht für jede einzelne Entscheidung meines Klienten gute Gründe gegeben hätte. Teilweise war er sogar wichtigen Verpflichtungen nachgekommen, aber er erkannte auch schnell selbst, dass er in letzter Zeit nicht gerade das Bild hinterlassen hatte, welches für die Entscheider zwangsläufig zu der Erkenntnis führen musste, dass nur er der richtige Projektleiter wäre.

„Scheint, als hätte ich mein Glück etwas im Stich gelassen und nicht umgekehrt", sagte er schließlich. Diesen Satz ließ ich unkommentiert.

Es ist fast egal, wen Sie fragen, alle erfolgreichen Menschen werden Ihnen sagen, Glück gehört zum Erfolg immer dazu. Dann folgt jedoch stets ein ABER, denn es ist niemals Glück allein, das uns erfolgreich macht. Wir können und müssen auch etwas für unser Glück tun.

Nun Sie: Haben Sie in letzter Zeit beruflich und privat alles getan, damit Sie auch Glück haben können?

Freiraum für Ihre Gedanken

2.13 Urlaub ist schön

Solange das, was ich tue, mir Spaß macht,
ist das Leben schön,
und ich bin mit ihm im Einklang.
Rena Achten

Begeistert erzählte mir ein Freund beim gemeinsamen Frühstück von dem Kalenderspruch, der heute auf seinem Tageskalender gestanden hatte. Er fand ihn großartig.

„Urlaub könnte ich echt beruflich machen", hatte dort gestanden.

„Ich auch!", schreit da sofort eine innere Stimme in Ihnen. So geht es wahrscheinlich vielen Menschen, denn im ersten Moment erscheint uns diese Vorstellung wunderbar.

Für den zweiten Blick möchte ich Ihnen zwei Überlegungen mitgeben:

Was macht Urlaub so attraktiv? Einer – zugegeben von mehreren Gründen – ist, dass er limitiert ist. Urlaub ist etwas Besonderes. Er ist begrenzt und nicht unendlich verfügbar. Das macht ihn so reizvoll – wir finden gerade die Dinge spannend und interessant, die knapp und nicht uneingeschränkt verfügbar sind. Nun stellen Sie sich vor, an 220 Arbeitstagen machen Sie Urlaub, ist das wirklich noch reizvoll? Und nur nebenbei bemerkt, was machen Sie denn dann an den 30 Tagen, an denen Sie jetzt Urlaub machen?

Noch gravierender aber ist der zweite Aspekt, den ich Ihnen mit auf den Weg geben möchte. Der Spruch impliziert, dass Urlaub schön ist, doch was ist dann Ihr Beruf, die tägliche Arbeit? Die logische Weiterentwicklung des

Gedankens legt Begriffe nahe wie anstrengend, stressig, belastend, freudlos…, ergänzen Sie selbst. Ist das so? „Ja klar", ruft da wieder Ihre innere Stimme, „ich brauche schließlich den Urlaub, um mich von der Arbeit zu erholen."

Und in der Tat, das begegnet mir immer wieder: Klienten, die nur auf den Urlaub hinarbeiten, 220 Tage im Jahr Akku-Entladung und maximal 30 Tage im Jahr Akku-Aufladung. Wie lange soll das funktionieren?

Wäre es nicht viel schöner, Sie hätten einen Beruf, von dem Sie sich gar nicht im Urlaub erholen müssten? Eine Aufgabe, die selbst den Akku auflädt, weil Sie darin aufgehen, Spaß haben, mit netten Leuten an einer spannenden Herausforderung tüfteln? Einen Alltag zu haben, von dem man sich nicht in maximal 30 Tagen erholen muss – wäre das nicht ein wunderbares Leben?

Das schließt nicht aus, dass Sie sich trotzdem auf die fantastischen Reisen freuen (merken Sie den Unterschied?), die Sie unternehmen, wenn Sie arbeitsrechtlich gesehen Erholungsurlaub haben.

Wie das gehen soll? Das lehrte uns schon Konfuzius[7].

---

[7] Zitat Seite 68

Freiraum für Ihre Gedanken

2.14 Selbstführung

Wer sich selbst nicht zu führen vermag,
der kann auch andere nicht führen.
Alfred Herrhausen

Dem amerikanischen Managementprofessor Peter Drucker wird das berühmte Zitat zugeschrieben, demnach Führungskräfte nur eine einzige Person führen müssten, nämlich sich selbst.

Damit hat Drucker bewusst übertrieben, denn die Aufgabe von Führungskräften besteht ja gerade per Definition darin, andere Mitarbeitende zu führen. Darum ging es ihm auch gar nicht, vielmehr wollte er auf den Umstand aufmerksam machen, dass alles ein Zusammenspiel von Aktion und Reaktion ist und damit ist man als Führungskraft immer auch Teil des Problems oder – natürlich viel besser – auch Teil der Lösung.

Deshalb startet gute Mitarbeiterführung immer mit guter Selbstführung, denn nur wenn ich mich selbst kenne, kann ich meine Interaktionen mit anderen gezielt steuern und vermeide unnötige Schwierigkeiten. Für Führungskräfte ist es daher elementar, regelmäßig in sich zu gehen, auch auf die Gefahr hin, dass es im eigenen Ich immer wieder einiges aufzuräumen gibt. Wichtige Erkenntnisse kann ich nur gewinnen, wenn ich mich mit mir beschäftige, z.B. mit meinen Werten, meiner Motivation, meinen Zielen, meinen Antreibern und vielem mehr.

Mit welchen Themen gehe ich in Resonanz und warum? Wo neige ich dazu, mich zu stark zu identifizieren und damit vielleicht nicht mehr sachgerecht entscheiden zu können? Was sind meine Trigger, die mich vielleicht Sachen tun lassen, die ich im Nachhinein schon oft bereut habe? Was bin ich für ein Persönlichkeitstyp – das könnte sehr wichtig sein, um zu verstehen, warum ich vielleicht mit dem ein oder anderen Kollegen irgendwie so gar nicht warm werde. Wie laufen meine Energiekurven, wo am Tag (oder auch in der Woche) liegt mein Leistungshoch, wo mein Tief? Wer das nicht weiß, kann seine Arbeit nicht effizient strukturieren.

Es gibt noch viele weitere Aspekte, die dem Bereich der Selbstführung zuzuordnen sind, doch für einen Impuls dürften die aufgeworfenen Fragen genügen.

Sie können alle Fragen perfekt beantworten? Gratulation, dann kennen Sie sich wirklich gut! Wenn nicht, starten Sie doch die Suche nach diesen Antworten, was ist schon spannender als die Beschäftigung mit sich selbst?

Vielleicht sind Sie keine Führungskraft und wollen es auch nicht werden (Führungskraft ist keine leichte Aufgabe!). Auch dann ist es wichtig, sich selbst gut zu kennen und zu führen.

Sind Sie aber Führungskraft und möchten eine gute sein (und kennen Sie eine Führungskraft, die das nicht sein möchte?), dann ist sehr gute Selbstführung absolute Pflicht. Mit niemandem sollten Sie sich intensiver beschäftigen als mit sich selbst! Das nicht zu tun, nur weil das vielleicht auch unbequem sein kann, ist nicht akzeptabel.

Freiraum für Ihre Gedanken

3 Der Umgang mit anderen Menschen

Erfolgreiche Menschen sind erfolgreich, weil sie das tun, was andere Menschen nicht tun.

Henry Ford

3.1 Menschen können Sie nicht ändern

Nehmen Sie die Menschen, wie sie sind.
Es gibt keine anderen.
Konrad Adenauer

Vielleicht geht es Ihnen ja wie mir: Täglich gibt es jemanden, über den ich mich ärgern könnte. Kunden, die nicht zurückrufen, Kollegen, die sich nicht melden und nicht tun, was man gerne möchte, Familienangehörige oder Freunde, die Aufmerksam möchten, für die ich gerade keine Energie habe, und so weiter... .

Leider kann ich diese Menschen nicht ändern und wenn ich mich ärgere, geht es mir schlecht, die anderen bekommen im Zweifel nicht einmal mit, dass ich mich ärgere.

Bleibt also die kritische Frage, ob das der richtige Weg ist: Mir geht es schlecht und die anderen ändern sich und ihr Verhalten leider nicht. Klingt suboptimal? Da haben Sie recht!

Was ich ändern kann, ist meine persönliche Einstellung und meinen Umgang mit diesen Menschen. Statt zu hoffen, dass ein Kollege etwas für mich tut, kann ich selbst aktiv werden. Statt auf einen Rückruf zu warten, kann ich selbst nochmal anrufen. Aktiv zu werden, fühlt sich immer besser an, als nur zu warten, dass etwas passiert.

Zum aktiven Tun gehört auch, seine Grenzen klar zu kommunizieren. Wie sollen andere wissen, wie es mir geht, wenn ich es nicht äußere. Das gilt ganz besonders im Umgang mit Freunden und Familie. Wenn ich keine

Energie habe, artikuliere ich es und biete eine Alternative, Motto: „Heute nicht, nächste Woche gern!" Grenzen zu ziehen, wann ich zur Verfügung stehe und wann nicht – auch das ist aktiv sein.

Vor allem aber kann ich meine Gedanken positiv umgestalten und dann fühlt sich vieles schon ganz anders und viel besser an. Mit positiven Gedanken geht auch vieles leichter. Vielleicht kann der andere gerade nicht anders – das ist gerade sein bester Versuch, wenn auch aus meiner Sicht kein gelungener. Ärgern aber bringt nichts, denn der einzige, dem es dadurch schlecht geht, bin ich selbst!

Und wie geht es Ihnen? Sie finden das nicht so einfach?

Das hat auch niemand gesagt.

Freiraum für Ihre Gedanken

3.2 Missverständnisse

Das größte Problem mit der Kommunikation
ist die Illusion, sie sei gelungen.
George Bernhard Shaw

Ich musste schmunzeln, als ich den folgenden Dialog auf meinem Kalender entdeckte:

„Was heißt eigentlich ‚Gerät' auf Englisch?"
„Devices."
„Okay, dann frag ich eben die."

Schöner Wortwitz, dachte ich spontan. Doch wenn ich schmunzeln muss, dann muss da etwas sein, das mich berührt und etwas in mir ausgelöst hat.

Beim zweiten Blick nämlich offenbart sich uns ein Problem, das wir alle im Alltag schon erlebt haben und wahrscheinlich auch immer wieder erleben werden – wir reden aneinander vorbei. Im Fall des Kalenderspruchs offenbar, weil jemand das Wort „devices" akustisch nicht richtig verstanden hat oder als „die weiß es" interpretiert hat. Schon ist das Missverständnis auf dem Tisch.

„Also ich frage immer nach, wenn ich etwas nicht verstanden habe", möchten Sie mir sofort entgegnen? So war das auch in einem zweitägigen Seminar mit Führungskräften diverser Landesbehörden, welches ich neulich gegeben habe. Eine Teilnehmerin kam sofort mit diesem Einwand, als wir über „verstehen" sprachen. Ich musste gar nichts tun, unmittelbar waren die Hände der Hälfte aller Teilnehmer oben und jeder berichtete eine wunderbare Geschichte, in der jemand etwas nicht richtig verstanden hatte und was sich daraus für – zum Teil haarsträubende – Verwicklungen ergeben haben. Zurücklehnen und Schmunzeln, auch mal schön als Trainer.

Es ist keineswegs so, dass wir es aktiv ansprechen, wenn wir etwas nicht verstehen. Zum einen, weil wir es manchmal ja gar nicht merken, dass wir etwas nicht verstanden haben. Zum anderen, weil es oft großen Mut erfordert, sich zu outen, dass man etwas nicht weiß, z.B. ein Fremdwort nicht kennt. Was denken nur die Kollegen oder gar mein Chef, wenn ich jetzt offenbare, dass ich gerade nicht weiß, worum es geht? Lieber still sein, klärt sich schon auf…, ach ja?

Sie fühlen sich ertappt? Keine Sorge, Sie sind in bester Gesellschaft, das ist eher die Regel als die Ausnahme. Ich möchte Sie ermutigen, so nicht weiter zu machen! Fragen Sie, das ist immer besser als den Dingen ihren Lauf zu lassen! Und bedenken Sie stets eins: Wer fragt hat Mut und die Mutigen werden erfolgreich sein. Seien Sie stolz, dass Sie den Mut haben zu fragen und werten Sie sich nicht dafür ab, dass Sie etwas nicht wissen.

Befeuern Sie nicht unnötig die ohnehin in vielen Fällen nicht zu vermeidende Kaskade der Missverständnisse, die auf Konrad Lorenz zurückgeht:

Gemeint ist nicht gesagt.

Gesagt ist nicht gehört.

Gehört ist nicht verstanden.

Verstanden ist nicht einverstanden.

Einverstanden ist nicht umgesetzt.

Umgesetzt ist nicht beibehalten.[8]

---

[8] Auch genannt die Kaskade der Missverständnisse.

Freiraum für Ihre Gedanken

3.3 Da sein

Wenn Du aufhörst, es zu suchen,
findest du das Glück.
Johann Wolfgang von Goethe

Mein Coachingnehmer war ein vielbeschäftigter Manager
– voller Kalender, viele Termine, zahlreiche Reisen, viele
Themen, voller Kopf. Er war auch verheiratet und hatte
zwei kleine Kinder.

Zu Beginn einer Coachingsitzung bat er mich, heute ein
„anderes" Thema bearbeiten zu dürfen. Na klar, im
Coaching gilt immer: Folge der Energie!

Er fühle sich zunehmend gehetzt, seine Gedanken seien
immer zwei Schritte voraus, kämen selten zur Ruhe. Die
vielen Themen seien wie ein Karussell in seinem Kopf,
das sich immer weiterdreht. Inzwischen falle das auch
verstärkt seiner Familie auf und seine Frau habe gestern
zu ihm gesagt: „Mir würde es schon reichen, wenn du da
bist, wenn du hier bist."

Ein typisches Problem in zahlreichen Haushalten vielbeschäftigter Führungskräfte. Sie sind zwar körperlich an-
wesend, doch der Kopf ist immer noch oder schon wieder
woanders. Sie hängen entweder noch der ein oder anderen Situation nach und können sich nicht lösen oder sie
sind in Gedanken schon wieder am nächsten Tag, im
nächsten Meeting oder wo auch immer. Das geht oft zu
Lasten der Familie und ist häufig eine Ursache für Konflikte im privaten Umfeld.

Ganz da sein - im Hier und Jetzt. Mit allen Sinnen und aller Aufmerksamkeit dort sein, wo man gerade ist und vor
allem bei den Menschen zu sein, bei denen man gerade

ist, das klingt einfach, ist es aber nicht. Gerade unsere schnelllebige Zeit und der für viele Menschen gefühlt immer größere Arbeitsdruck führen dazu, dass unsere Gedanken immer wieder abschweifen, vorauseilen und sich mit vielem beschäftigen, aber nicht mit dem, was gerade um uns herum ist.

DA SEIN ist eine der großen Herausforderungen unserer Zeit!

Bevor ich das Thema mit meinem Klienten bearbeitete, schenkte ich ihm eine Postkarte, auf der stand:

Egal, wo man hingeht, da ist man dann.

Den Spruch darauf hatte ich vor einiger Zeit in einem Buch gelesen. Ich fand ihn überragend - viel mehr Tiefgang geht eigentlich nicht und, da dieses Thema immer wieder einmal auf den Coachingtisch kommt, beschaffte ich mir ein paar Postkarten mit diesem Spruch.

Versuchen Sie, da zu sein, ganz im Hier und Jetzt. Der wichtigste Mensch ist immer der, mit dem Sie sich gerade unterhalten, zusammensitzen oder telefonieren. Wenn Sie diese Haltung ausstrahlen, bekommen Sie viel zurück.

Freiraum für Ihre Gedanken

3.4 Recht haben

Alles was wir hören, ist eine Meinung, nicht ein Faktum.
Alles was wir sehen, ist eine Perspektive,
nicht die Wahrheit.
Marcus Aurelius

Vielleicht haben Sie auch schon mal viel Energie dazu aufgewendet, Recht zu haben? Oder vielleicht kennen Sie jemanden, der sehr häufig all seine Energie aufwendet, um Recht zu haben?

Als Coach erlebe ich das häufig: „Aber es ist doch..." beginnen meine Klienten oft ihre Sätze. Ich frage dann meistens: „Sagt wer?"

Die eine Wahrheit gibt es leider nicht, nur meine, Ihre und viele mehr. Es ist immer die Bewertung einer Tatsache und nie die Tatsache selbst, um die es geht. So konstruiert sich jeder seine Wahrheit selbst - und das ist auch gut so.

In mehr als 20 Jahren habe ich zahlreiche Führungskräfte ausgebildet und immer steht ziemlich am Anfang das Kapitel „Wahrnehmung". Regelmäßig beginne ich es mit einer kleinen Übung, bei der alle meine Teilnehmer eine Minute lang schweigend aus dem gleichen Fenster schauen. Im Anschluss stelle ich drei bis vier simple Fragen, je nachdem, was dort zu sehen war und bitte die Teilnehmer, ihre Antworten aufzuschreiben. Danach werden Sie reihum vorgelesen. Typische Fragen lauten z.B.:

Welche Farbe hat der Himmel?

Welche Farbe hat das Wasser? (ich arbeite oft mit Blick auf einen See)

Wie viele Menschen hast du gesehen?

Wie viele Autos stehen auf dem Parkplatz?

Probieren Sie es selbst aus; eine Minute ist eine lange Zeit, wenn man konzentriert aus einem Fenster schaut, man kann viel erfassen. Nun, was glauben Sie, wie fallen die Antworten aus?

Der Himmel ist oftmals blau, hellblau, weiß oder hellgrau. Noch spannender das Wasser: blau, grün, schwarz, dunkelgrau, schwarzblau. Auch die Anzahl der Menschen variiert immer, oft zwischen null und sechs. Die „beste" Antwort auf die Frage nach den Autos auf dem Parkplatz lautete übrigens: „Welcher Parkplatz?"

Während der Antworten spiele ich meist den vollkommen ratlosen Trainer, der der Verzweiflung nahe ist. Das trägt zusätzlich zu einer lockeren und aufgeschlossenen Stimmung bei. Wenn ich Glück habe, ruft noch ein Teilnehmer einem anderen zu: „Mann, bist du doof!"

Jetzt habe ich alles, was ich für eine muntere Stunde mit aktiv mitmachenden Teilnehmern brauche. Was für eine großartige und simple Übung. Am Ende dieser Stunde können wir alle gemeinsam sehr wertschätzend von „richtig und falsch" sowie „gut und schlecht" Abschied nehmen – diese Begrifflichkeiten bringen uns nämlich nicht weiter. **Die** Wahrheit gibt es eben nicht.

Wenn wir überlegen, was wir aus der Perspektive und der Bewertung des anderen lernen können, ist viel mehr gewonnen, als wenn wir diese ändern und selbst Recht behalten wollen. Den anderen zu verstehen, ist oftmals viel wichtiger und hilfreicher und bringt uns der Lösung viel schneller näher. Fokussieren Sie Ihre Energie sinnvoll, dann erreichen Sie viel mehr!

Freiraum für Ihre Gedanken

3.5 Mich selbst vertreten

Viele Menschen haben Angst zu sagen,
was Sie möchten,
deshalb bekommen sie es auch nicht.
Madonna

Ich freute mich auf die erste Coachingsitzung mit einem neuen Klienten. Das obligatorische Vorgespräch war schon sehr spannend gewesen und heute starteten wir mit der ersten Sitzung. Am Anfang steht dann immer die Frage: „Wofür arbeiten wir beide zusammen?"

Mein neuer Coachingnehmer wusste auch, dass sein Coaching heute mit dieser Fragestellung beginnen würde und dennoch überlegte er lange hin und her. Schließlich fand er sein Ziel: „Ich möchte mich selbst besser vertreten und zufriedener werden."

Es klingt so einfach, seine Interessen zu vertreten, sich als Mensch wichtig zu nehmen und angemessen zu positionieren. Es klingt aber nur so, wie ich immer wieder feststelle. Die Firma, der Chef, die Kollegen, die Familie, meine Freunde und viele mehr - alle haben Ansprüche an mich und dann?

Mein Klient schilderte zunächst ein paar Beispiele, bei denen es ihm nicht gelungen war, sich zu vertreten. Da waren die Gespräche mit seinem Chef, in denen er oft anderer Meinung war, das aber nicht kundtat. Die Sorge vor der Reaktion seines Chefs, von dem er vermutet, dass er anderslautende Meinungen gar nicht hören wolle, hielt ihn zurück, was dazu führte, dass er regelmäßig unzufrieden war und Sachen tat, mit denen er sich gar nicht identifizierte.

„Ist mal darüber gesprochen worden, wie wertvoll es sein könnte, unterschiedliche Meinungen auszutauschen, um zu besseren Entscheidungen zu kommen?" Hatten er mit seinem Chef nicht. „Vielleicht hofft Ihr Chef ja sogar, dass Sie mal Paroli bieten, aber weil Sie das nie tun, setzt er inzwischen einfach seine Meinung durch?" Ich merkte meinem Klienten an, dass er aus diesem Blickwinkel bisher nicht auf die Situation geschaut hatte.

„Noch ein Beispiel bitte!", forderte ich meinen Coachingnehmer auf. Da platzte sofort die Geschichte mit seinem Nachbarn aus ihm heraus. Eigentlich (!) sei der ja ganz nett, seine Familie auch, aber immer wieder gäbe es diese aufdringlichen Spontaneinladungen über den Gartenzaun: „Hallo, wollen wir heute Abend als Familien zusammen grillen? Super, kommt um 19 Uhr einfach rüber!"

„Wie viele davon haben Sie angenommen?", fragte ich meinen Klienten und ahnte die Antwort. Er schaute zu Boden und sagte leise: „Alle."

So wie meinem Klienten geht es uns fast allen immer mal wieder. Wir wollen etwas gar nicht und tun es doch. Oder wir wollen etwas und tun es nicht. Oft liegt dahinter die positive Absicht, andere nicht zu enttäuschen oder eine Konfrontation mit anderen zu vermeiden.

Erfahrungsgemäß geht ein solches Verhalten nicht lange gut, die Unzufriedenheit holt uns ein. Wir müssen lernen, mit anderen über unsere Bedürfnisse zu sprechen, auch damit wir uns nicht bei jeder Gelegenheit ausgenutzt fühlen. Wir können auch „jein" sagen, wenn wir das denn wollen. „Heute passt es mir zum Grillen nicht, wie wäre es am Samstag?", könnte ein „Jein" sein. Aber bitte nur, wenn Sie grundsätzlich Lust haben, mit dem Nachbar zu grillen und Samstag für Sie auch wirklich passt.

Sie möchten zufriedener werden, dann finden Sie Ihre Position im Leben!

Freiraum für Ihre Gedanken

_____

_____

_____

_____

_____

_____

_____

_____

_____

3.6 Wer fehlt?

Krisen sind bekanntlich auch dafür gut, dass sie einge-
fahrene Routinen unterbrechen und den „das haben wir
immer schon so gemacht"-Modus unterbrechen. Denn in
Krisen sind die normalen Tagesabläufe plötzlich nicht
mehr da und ohne diese oftmals fast vollständig automa-
tisierten Tagesabläufe, die eine wirkliche Überprüfung
unseres Handels auf seine Sinnhaftigkeit gar nicht mehr
zulassen, können wir plötzlich auch neue Prioritäten erkennen bzw. unsere Prioritäten verändern.

Plötzlich werden Dinge sichtbar, die bislang im Verborge-
nen lagen und die wir gar nicht mehr bewusst wahrgenommen haben. Dies funktioniert in beide Richtungen:
Einerseits können wir Dinge wieder wertschätzen, die wir
bislang so gut wie gar nicht mehr beachtet haben, weil
sie selbstverständlich waren. Andererseits fehlen aber
vielleicht plötzlich auch Dinge, von denen wir immer angenommen haben, sie seien vorhanden. Plötzlich wird
uns bewusst, dass sie gar nicht da sind.

Vielleicht geht es Ihnen in diesem durch Corona so ge-
prägten Jahr gerade auch so? Sie können manche Dinge
wieder mehr oder neu wertschätzen, die kleinen Dinge
plötzlich wieder genießen, z.B. den Spaziergang in der
Abendsonne, den klaren Himmel, die Ruhe im Garten,
die nicht mehr vom permanenten Surren der Autobahn
gestört wird.

Und vielleicht fehlt Ihnen gerade auch etwas oder jemand, von dem Sie bisher immer angenommen hatten, es oder er sei (für Sie) da?

Das ist ein guter Anlass, sich auch die Frage zu stellen, wem könnte es in Bezug auf Sie selbst gerade genauso gehen? Wer könnte Sie vermissen? Wer hat vielleicht immer geglaubt, Sie seien für ihn da und wartet nun darauf, dass Sie sich in diesen bewegten Zeiten einfach mal melden? Wen haben Sie vielleicht in letzter Zeit enttäuschen müssen oder haben ihn enttäuscht, ohne es zu wollen? Wo sind sie, die Beziehungen, die Sie gerade jetzt pflegen sollten?

„Und was ist mit mir? Wer kümmert sich um mich?", schreit vielleicht eine Stimme in Ihnen und das wahrscheinlich sogar völlig zu Recht. Doch bedenken Sie – das Verhalten anderer können Sie nicht direkt beeinflussen, Ihr eigenes schon. Und alles ist eine Kombination aus Aktion und Reaktion – als ich begann zu geben, da bekam ich… .

Krisen wie die aktuelle Corona-Pandemie sind immer auch Chancen – wer wartet darauf, dass Sie diese Chance mit ihm gemeinsam ergreifen?

Freiraum für Ihre Gedanken

3.7 Positive Absicht

Wenn du die Welt verändern möchtest,
beginne mit dem Menschen,
den du jeden Morgen im Spiegel siehst.
Simone Weil

In diesem Jahr hatte ich mal wieder einen Auftrag für eine kleine Mediation – eine Führungskraft und ihr Stellvertreter arbeiten nicht so zusammen, wie sich der Dienstherr, aber auch die beiden Beteiligten selbst, dieses wünschen würden.

Ein solcher Auftrag ist stets ein besonderes Lob für den Coach, der Richtige für ein solch sensibles Thema zu sein, denn das setzt großes Vertrauen aller Beteiligten voraus. Mich motiviert dieses Vertrauen immer besonders. Ich möchte, dass für alle eine befriedigende, tragfähige und dauerhafte neue Basis der Zusammenarbeit geschaffen wird. Dies umso mehr, als ich die handelnden Personen schon lange kenne und alle Beteiligten sehr schätze.

Wie üblich begann dieser Prozess mit Einzelgesprächen und wie so oft kamen wir schnell an den häufig anzutreffenden Widerspruch von positiver Absicht, aber vielleicht nicht so positiver Wirkung auf den anderen.

„Ich habe...", erzählte mir eine der Führungskräfte (Details spielen keine Rolle).
„Hast Du auch...?", fragte ich zurück und „Nein, das habe ich nicht.", kam die Antwort.

Alles, was der Kollege getan hatte, tat er in sehr positiver Absicht. Auch was er nicht getan hatte, verfolgte eine positive Absicht. Er wollte z.B. Freiräume gewähren und Vertrauen schenken und hatte deshalb wenig nachgefragt und sich aus vielem herausgehalten, was vielleicht auch ganz anders auf seinen Kollegen gewirkt haben könnte?

Wie genau also war die Wirkung auf den anderen? Ich konnte spüren, dass bei meinem Gesprächspartner dieser Denkprozess in Gang gekommen war. Wirkten vielleicht gut gemeinte Freiräume wie Desinteresse an der Arbeit des Kollegen? War etwa das geschenkte Vertrauen als Angst, selbst Entscheidungen zu treffen, wahrgenommen worden?

Für mich war dieser Zustand erstmal wunderbar, die Selbstreflexion hatte begonnen, die Basis für einen erfolgreichen Prozess mit den beiden Führungskräften war gelegt.

Jetzt zu Ihnen, vielleicht haben Sie ja Lust ein paar Minuten über den Unterschied von Absicht und Wirkung nachzudenken.

Es ist so menschlich, dass wir schnell auf den anderen schauen: Er sollte, er hat nicht, er müsste mal, ich würde mir von ihm wünschen, dass… . Damit das gelingt, sind jedoch zwei Dinge unerlässlich. Zum einen eine positive, sinnstiftende Kommunikation, die Zusammenhänge, Ziele und Visionen vermittelt. Wer in seinem Tun einen Sinn sieht, ist viel leichter bereit, sich und sein Verhalten zu verändern. Vor allem aber ist eine ausreichende Selbstreflexion erforderlich. Nur wer erkennt, welche Beiträge er selbst zum Verhalten des anderen leistet oder eben auch nicht leistet, der kann erfolgreich die Steuerung der Zusammenarbeit übernehmen.

Denken Sie immer daran, dass Sie eine positive Absicht haben, zweifelt niemand an. Das reicht aber nicht, denn auf die Wirkung kommt es an und die kann – positive Absicht hin oder her – eine ganz andere sein.

Freiraum für Ihre Gedanken

3.8 Erster Eindruck

Erste Eindrücke haben oft so etwas Richtiges an sich.
Robert Musil

Ich treffe einen neuen Klienten und freue mich darauf.
Ein junger Mann, gerade zum Geschäftsführer eines mittelständischen Unternehmens berufen. Er soll das Unternehmen in ein paar Jahren übernehmen. Ich darf ihn auf dem Weg dorthin begleiten – Sparringspartner, Coach, Mentor, Trainer, von jedem etwas – großartiges Mandat.

Ich habe mich so weit als möglich schlau gemacht, auch seine online-Profile besucht, ich habe ein Bild, wer da gleich durch die Tür kommen wird. Dann klopft es und…

Sie ahnen es, der junge Mann in meinem Kopf hatte keinen Vollbart, keine langen Haare und auch keine riesige Brille im Gesicht. Das war nicht mein Kunde – war es natürlich doch.

Ich schluckte zweimal, fasste mich und konnte nicht anders – ich hielt einen 90 Sekunden Kurzvortrag zum Thema „Psychologie des ersten Eindrucks".

Danach verstanden wir uns prächtig. Ich freue mich jedes Mal auf die Arbeit mit ihm und ich denke, es geht ihm genauso.

Was war passiert? Selbst mir, könnte ich hinzufügen, der nach vielen Jahren als Coach die Mechanismen kennt und von sich behaupten würde, er könne damit umgehen. Ich hatte Erwartungen, wer da gleich durch die Tür kommen würde, und diese wurden enttäuscht. Das hat mich irritiert und einen Moment verunsichert. Es war, als wollte

mich das Leben die „Psychologie des ersten Eindrucks"
wiedereinmal kurz live erleben lassen.

Nun sind Sie an der Reihe, stimmt Ihr Bild in der Öffent-
lichkeit noch mit Ihnen überein? Was ist mit Ihren Fotos
auf Internetseiten oder in Firmenbroschüren? Kommen
Sie als derjenige durch die Tür, den Ihr Gegenüber, z.B.
Ihr Kunde, erwartet?

Nein – eher nicht mehr? Aber das ist doch nicht so
schlimm? Na ja, vielleicht doch. Wo auch immer wir ein
Bild von uns vermitteln, das mit der Realität nicht über-
einstimmt, erzeugen wir Erwartungen, die beim persönlichen Kennenlernen enttäuscht werden. Das zieht zwei
negative Effekte nach sich:

Einerseits hinterlässt es keinen guten ersten Eindruck,
denn der andere ist irritiert. Wenn uns die Psychologie
des ersten Eindrucks vermittelt, dass wir danach erstmal
alles tun, diesen ersten Eindruck zu verstärken, dann
sucht Ihr Gegenüber also nach weiteren Dingen, die vielleicht nicht so sind, wie er es erwartet hat (z.B.: Ist die
Firma vielleicht doch nicht so solide? Haben Sie vielleicht
doch nicht das Fachwissen, das Sie vorgeben zu haben?
usw.). Sie sollten überlegen, ob Sie das wirklich wollen.

Zum zweiten aktivieren enttäuschte Erwartungen in unserem Gehirn das Schmerzzentrum, was unweigerlich zur
Ausschüttung von Cortisol führt. Das ist ein Hormon, was
dafür sorgt, dass wir uns weniger gut fühlen und unsere
kognitiven und kreativen Fähigkeiten vorübergehend ver-
mindert. Ob das für Sie der gewünschte Zustand Ihres
Gegenübers ist, entscheiden Sie bitte selbst. Begeisterte
Menschen haben andere Hormone im Blut und begeisterte Kunden sind auch viel eher kaufbereit.

Ein authentisches Bild von sich selbst abzugeben ist
wichtig, um keine unnötigen Störungen beim ersten Eindruck zu verursachen. In unserer medialen Welt ist das

mitunter gar nicht so einfach. Also vielleicht prüfen Sie doch einmal, ob Ihre Bilder alle noch authentisch sind.

Freiraum für Ihre Gedanken

3.9 Ärgern

Lebenskunst ist zu 90% die Fähigkeit,
mit Leuten auszukommen,
die man nicht mag.
Samuel Goldwyn

Im Leben ist es leider nicht zu vermeiden: Wir begegnen anderen Menschen, die uns nicht sympathisch sind, die wir nicht mögen und mit denen wir trotzdem auskommen müssen - sei es im Beruf oder auch im Privatleben. Wir können die Menschen leider nicht ändern, es gibt keine anderen.

Was wir ändern können ist die Frage, wie wir damit umgehen, dass wir diese Menschen nicht mögen. Lassen wir uns nerven? Ärgern wir uns? Werden wir selbst gereizt und unausstehlich? Bedenke: Alles ist ein Zusammenspiel von Aktion und Reaktion.

Am häufigsten begegnet mir immer wieder der Versuch, die Menschen, die mir nicht sympathisch sind oder mit denen ich nicht zu Recht komme, zu ändern. Die Erfolgsquote solcher Versuche liegt den Berichten meiner Klienten zu Folge nahe null Prozent. Wenn also diese Strategie nicht erfolgreich zu sein scheint, dann möchte ich Ihnen gerne drei alternative Strategien anbieten. Ganz getreu dem Coaching-Motto: Wenn etwas nicht funktioniert, versuche etwas anderes. Die Meisten versuchen leider mehr vom Gleichen und sie wundern sich, dass sich nichts ändert.

Allen drei alternativen Strategien ist gemein, dass sie bei uns selbst ansetzen, denn an dieser Stelle sind wir handlungsfähig.

Wir können unser Verhalten gegenüber dem anderen ändern. Oft verbirgt sich hinter Unfreundlichkeit nur Unsicherheit, hinter einem wortkargen Auftreten nur die Angst, Fehler zu machen und Arroganz ist oftmals nur der Versuch, das eigene Gefühl der Unterlegenheit zu überspielen. Wenn wir mit den gleichen mittel reagieren wird die Spirale verstärkt. Jede Reaktion unseres Gegenübers macht ihn noch unausstehlicher, wir reagieren noch heftiger, er auch und so schaukeln wir uns gegenseitig hoch. Total genervt sind dann beide, gewonnen ist nichts. Reagieren Sie doch mal ganz anders. Verständnisvoll, lobend, bestätigend – genau so, wie Ihr Gegenüber es gerade nicht erwartet und dann schauen Sie, was passiert. Ich habe dann schon oft Sätze gehört, die ungefähr so klangen: „Danke, mit so viel Verständnis habe ich gar nicht gerechnet, ehrlich gesagt…". Und schon ist das Eis gebrochen.

Falls Ihnen das nicht möglich ist, weil Sie nicht über den berühmten eigenen Schatten springen können, dann sollten Sie zumindest nicht dazu übergehen, sich zu ärgern. Das führt nur dazu, dass es Ihnen schlecht geht, nicht dem anderen! Warum aber soll es Ihnen schlecht gehen? Nehmen Sie den anderen lieber einfach, wie er ist, gehen Sie in den Modus des neugierigen Forschers, der alles, was ihm begegnet, spannend findet, stets begierig, daraus etwas zu lernen. Ein Beispiel: Nehmen wir an, Ihnen begegnet ein sehr arrogant auftretender Lieferant, der sie so richtig von oben herab behandelt. Wenn sie jetzt den Forschermodus anwerfen, könnte das etwa so klingen: „Wie cool, heute kriege ich Arroganz-Maximierung live vorgeführt. Besser habe ich nie erleben dürfen, wie man einen Kunden nicht behandelt. Was für ein geiler Lehrfilm, wie man es nicht macht -. Und ich bin live dabei." Und, ärgern Sie sich noch?

Als dritte Strategie möchte ich Ihnen noch die Vermeidungsstrategie anbieten. Sie müssen sich mit niemandem abgeben, der Sie ständig nervt. „Doch ich muss!", schreit eine Stimme in Ihnen? Das ist oft der erste Reflex, aber er ist nicht richtig. Niemand zwingt Sie, mit dem nervigen Kunden Geschäfte zu machen, den arroganten Chef zu ertragen und wen auch immer Sie herausgreifen möchten. Sie tun es freiwillig und können es ändern. Einen Preis hat das natürlich – wie alles im Leben.

Welche Strategie Sie auch immer wählen, eine, die ich Ihnen vorgeschlagen habe, oder eine eigene, sie sollte bei Ihnen selbst ansetzen, denn die anderen können wir nicht ändern. Investieren Sie also keine Kraft in aussichtslose Unterfangen.

Freiraum für Ihre Gedanken

4 Work Life Balance

Die besten Dinge im Leben sind die,
die man nicht für Geld bekommt.

Albert Einstein

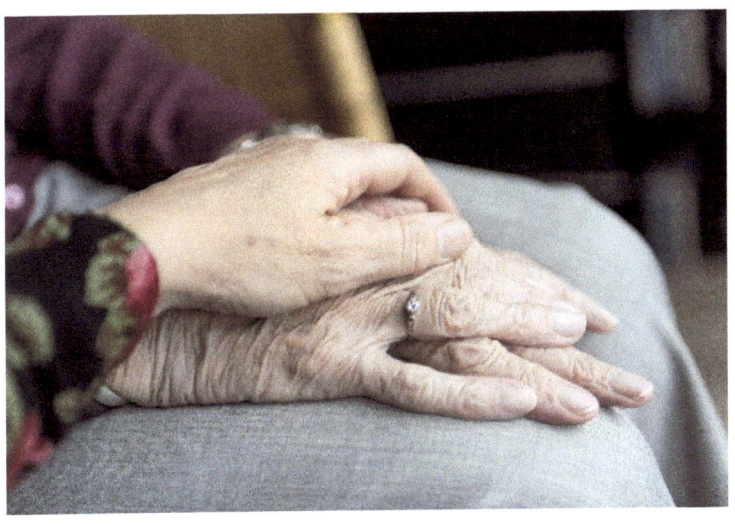

4.1 Träume

Einen wunderbaren Kalenderspruch las ich irgendwann im Sommer auf meinem Tageskalender. Er lautete:

"MAKE YOUR DREAMS HAPPEN!"

Leichter gesagt als getan? Ja, da haben Sie wohl recht, jedenfalls erlebe ich diesen Einstieg ins Thema auch häufiger bei meinen Klienten. Viele von Ihnen kennen nämlich ihre Träume gar nicht und dann wird es natürlich auch schwierig, diese zu leben.

Der Weg zu einem zufriedenen Leben führt also zunächst mal zum Kontakt mit sich selbst. Was möchte ich eigentlich erreichen? Was ist mir wichtig, was sind meine Werte? Erst wenn ich meine Ziele kenne, kann ich starten – das Innehalten aber kommt zuerst.

Sie werden vielleicht einwenden, dass es in unserer hektischen und krisengeschüttelten Zeit schwierig ist, innezuhalten. Zu viele Anforderungen von außen, zu wenig Zeit, Stress im Job und in der Familie, wie soll ich da innehalten?

Sie haben recht, auch ich erlebe viele Menschen als „Getriebene", immer aktiv, immer in Hektik, meist gehetzt, oft auf vielen „Baustellen" gleichzeitig unterwegs. Doch Sie haben immer die Wahl so weiterzumachen oder einmal innezuhalten, mit sich selbst in Kontakt zu gehen und sich die Frage zu beantworten:

Was will ich eigentlich wirklich?

Wenn Sie die Antwort gefunden haben, wird es viel leichter mit einigen Dingen aufzuhören, sich Zeit zu nehmen für das, was Sie wirklich wollen, die Prioritäten zu verändern. Wer soll das für Sie tun, wenn nicht Sie selbst?

Ohne innehalten sind unsere Träume nicht zu finden, denn sie sind oft tief in unserem Inneren verborgen und es braucht Zeit, bis sie uns bewusst werden. Dann aber verändert sich unser Lebensgefühl oftmals schlagartig und wir können beginnen, unsere Träume zu leben. Wir können verwirklichen, was wir wirklich wollen und das macht uns zufriedener und erfolgreicher.

Viele meiner Klienten haben danach ihren Beruf gewechselt oder haben erkannt, dass es manche Dinge gar nicht braucht und haben Ballast abgeworfen. Manche haben auch nur anders gearbeitet als vorher. Wieder andere haben neue Hobbies begonnen oder alte reaktiviert.

Und Sie?

Wie sehen Ihre Träume aus?

Sie sind noch dabei, sich Ihrer Träume bewusst zu werden? Wunderbar, Sie haben begonnen innezuhalten, ohne das geht es nämlich nicht.

Der schöne Kalenderspruch wäre daher noch schöner, wenn er lauten würde:

"FIND YOUR DREAMS AND MAKE THEM HAPPEN!"

Vielleicht fangen Sie jetzt gleich damit an.

Freiraum für Ihre Gedanken

4.2 Die Seele streicheln

Lass die Sonnenstrahlen deine Nasenspitze kitzeln,
denn es sind Streicheleinheiten für die Seele.
Hanna Salman

Streicheleinheiten für die Seele finde ich eine großartige Formulierung. Wie streicheln Sie Ihre Seele?

Oh, Sie haben sich bei dieser Frage gerade erschreckt? Das ist nicht so schlimm, viele Menschen werden von dieser Frage überrascht und können sie nicht spontan beantworten (sollten Sie das können – Gratulation!). Das hat viel mit unserer schnelllebigen Zeit und der Fülle unserer Aufgaben zu tun. Zu wenig Zeit, zu viele Aufgaben, zu viele Termine, bei sich selbst sind viele Menschen nur noch selten, da vergisst man schon mal, wie „Seele streicheln" geht.

Dabei ist es großartig, uns einfach mal gehen lassen zu können, die Gedanken ruhen zu lassen, Zeit zu haben nur für uns selbst.

Leider fällt das vielen Menschen in unserer aktuellen Zeit zunehmend schwer. Es gibt immer etwas zu tun, irgendein Termin liegt immer an, irgendjemand will immer etwas von mir.

So erlebe ich auch viele meiner Coachingnehmer, wenn ich frage:

„Was tust Du nur für Dich, nur um Deine Batterien wieder aufzuladen?" Sie haben oft keine Antwort bzw. müssen lange danach suchen.

Ich nenne das die „Ich-Zeit" und die ist unendlich wertvoll. Sie ist nur für mich, ich muss in ihr keine meiner vielen Lebensrollen ausfüllen, ich bin niemandem Rechenschaft schuldig, ich bin ganz im hier und jetzt, im Flow, wie das oft genannt wird. „Ich-Zeit" kann ganz unterschiedlich sein: Die einen lesen, die anderen wandern, die nächsten treiben Sport, andere basteln, viele genießen die Natur und unendlich vieles mehr.

Manchmal, insbesondere wenn ich mit Menschen arbeite, die sich - oft über einen längeren Zeitraum - in psychisch sehr belastenden Situationen befinden, fällt es meinen Klienten schwer, irgendetwas zu finden, das wirklich „Ich-Zeit" ist.

Mit diesen Menschen mache ich mich auf die Suche und oft finden wir in ihrer Kindheit etwas, das die „Ich-Zeit" füllt.

„Ich war gerne draußen, wir haben mit Freunden auf einem Bauernhof und auf den Feldern getobt, das war großartig!", sagte mein Klient, Geschäftsführer eines mittelständischen Unternehmens und mit eindeutigen Burn-Out Symptomen. Der Kern war das „draußen sein", er reaktivierte sein Motorrad und cruiste fortan einen Tag die Woche durch schöne Landschaften und er entdeckte das Fotografieren in der Natur für sich – seine Seele hatte ihre Streicheleinheiten gefunden.

‚Ich müsste auch suchen…', denken Sie!

Die Suche lohnt sich!

Freiraum für Ihre Gedanken

4.3 Grübeln

Heute ist das Morgen über das du
dir gestern Sorgen gemacht hast.
unbekannt

Grübeln Sie auch?

Oft höre ich das von meinen Coachingnehmern, wenn diese in belastenden Situationen zu mir kommen. „Ich kann schlecht einschlafen", ist dann noch die positive Variante von gar nicht einschlafen. Die Gedanken drehen sich immer weiter, alle möglichen Szenarien arbeitet der Kopf durch – leider meistens vor allem negative.

„Bestimmt wird…", „Sicher werde ich…", „Wenn ich nur…" – natürlich kann man mit all diesen Ängsten nicht einschlafen.

Nun prüfen Sie doch selbst einmal kritisch Ihre Lebenserfahrungen? War es nicht viel öfter so, dass Sie sich unnötig Sorgen gemacht haben und alles viel besser verlaufen ist, als Sie es sich tagelang ausgemalt hatten?

Eben – die meisten Grübeleien können wir uns sparen, denn sie helfen uns nicht weiter. Was irgendwann kommt, können wir jetzt nicht beeinflussen. Einzig hilfreich ist es, zu prüfen, was wir **jetzt** tun können, um uns z.B. gut auf einen Termin vorzubereiten – und das tun Sie dann bitte auch.

Zwei Kollegen von mir haben das in einem ihrer Vorträge mal so ausgedrückt:

„Was nicht ist, ist nicht!"

Mit dem, was Sie sich jetzt gerade alles an Szenarien ausmalen, werden Sie sich wahrscheinlich größtenteils nie auseinandersetzen müssen, weil diese nicht eintreten. Mit dem einen Szenario, das tatsächlich eintritt, können Sie sich auseinandersetzen, wenn es so weit ist, denn dann ist es Gegenwart und Sie können es beeinflussen – TUN ist viel besser als Grübeln.

Und – Sie erinnern sich an meine Frage weiter oben? Genau, dieses eine Szenario, mit dem Sie sich dann auseinandersetzen werden, ist höchst wahrscheinlich viel positiver als Sie es zuvor erwartet haben.

Hierzu vielleicht noch eine kleine Geschichte:

Ich kannte einen jungen Fußballschiedsrichter, der vor jedem Spiel, das er als Schiedsrichter leiten sollte, stundenlang grübelte. Schon eine Woche vor dem Spiel machte er sich Gedanken darüber, welcher Beobachter[9] wohl kommen würde, um ihn zu bewerten. Er wählte in seinem Szenario natürlich bevorzugt einen der Beobachter, der als besonders streng bekannt war, und steigerte sich jede Woche aufs Neue in sein Karriereende als Schiedsrichter hinein. Wie im Amateurbereich üblich, kam übrigens in den allermeisten Spielen gar kein Beobachter. Der junge Schiedsrichter war ein sehr guter Spielleiter und stieg schließlich als Schiedsrichter bis in die vierte Liga auf, als Schiedsrichterassistent sogar bis in die dritte. Sportlich war er also sehr erfolgreich, in seinen Gedanken aber beendete er regelmäßig mit jeder neuen Ansetzung seine Karriere. Das war oftmals für sein Umfeld nicht leicht auszuhalten und ich vermute, für

---

[9] Schiedsrichterbeobachter sind meist ehemalige Schiedsrichter, die Schiedsrichterleistungen bewerten und die Spielleiter auch als Coach begleiten. Sie verfolgen sowohl den Ansatz der Bewertung, denn auch Schiedsrichter steigen, wie Mannschaften, in den Spielklassen auf und ab, als auch den Ansatz, den Schiedsrichter in seiner Leistung stetig zu verbessern (Coach).

ihn selbst war es sogar noch schlimmer. Den Erfolg genießen und glücklich sein, konnte er jedenfalls nicht.

Dies erlebe ich übrigens sehr oft bei meinen Klienten: Viele sind erfolgreich, aber deutlich weniger sind auch zufrieden, nur sehr wenige sind glücklich.

Grübeln Sie nicht, fokussieren Sie sich auf das, was ist und dann tun Sie, was zu tun ist. Alles andere können Sie sich ersparen, es führt nur dazu, dass Sie sich schlecht fühlen, zu sonst nichts.

Freiraum für Ihre Gedanken

4.4 Weniger Müssen, mehr Sein

Der Charme des Aufhörens besteht zuallererst in der Freiheit, nicht immer so weitermachen zu müssen.
Prof. Karlheinz Geissler

Corona bestimmt in 2020 weitgehend die Berichterstattung im Fernsehen. In einem der unzähligen TV-Berichte zur Corona-Krise sah ich eine Karte, die den Flugverkehr am Welthimmel abbildete. Links vor Corona und rechts mitten im ersten Lock-down – es war kaum zu glauben. Die eine Karte wirkte schwarz, die andere gelb. Fast flächendeckend waren die durch gelbe Punkte gekennzeichneten Flugzeuge vor Corona am Himmel – ein sehr beeindruckendes Bild.

Was fällt heute - mitten im ersten Lock-down - auf? Der Himmel ist viel klarer. Es ist viel ruhiger – kaum ein lärmendes Flugzeug donnert über unsere Köpfe hinweg (und wir wohnen eigentlich nicht weit ab einer der Einflugschneisen zu Hamburg Airport).

In einem anderen Bericht sah ich Bilder aus Venedig – klare Kanäle, der Blick auf den Boden und die Fische war wieder möglich.

Wenn es einen Gewinner dieser Krise gibt, dann ist es die Natur, die spürbar und sichtbar durchatmet – ganz ehrlich: großartig!

Wie wird das nach der Corona-Krise sein? Werden wir wieder zum Shopping nach Rom fliegen – morgens hin und abends zurück, weil das so hip ist? Drei Tage New

York, vor allem um neue Jeans zu kaufen? Machen wir so weiter? Urlaub ist nur Urlaub, wenn er möglichst weit weg ist? Ich will Marathon laufen, aber bitte nicht vor der Tür, sondern überall auf der Welt. Ein ehemaliger Kollege von mir lief sogar im ewigen Eis. Muss das alles sein oder kehrt Besinnung ein? Ich weiß es nicht, aber ganz ehrlich, ich würde es mir wünschen.

Ich muss jeden Morgen Krankengymnastik für meinen Rücken machen – der tägliche Begleiter: das Radio. Oft nimmt die meiste Zeit meiner Gymnastik der Verkehrsfunk ein. Im Hamburger Randgebiet lebe ich jetzt 20 Jahre – eine Zeit ohne Staus rund um die Hansestadt gab es nie. Im Lock-down geht das plötzlich, kaum noch Staumeldungen – wunderbar.

Wie viel Auto brauchen wir wirklich? Ich für meinen Teil finde schön länger mein Auto dann am schönsten, wenn ich nicht in ihm sitze. Reisen ist für mich längst eine reine Last, egal mit welchem Verkehrsmittel. Mir fällt es daher leicht, zu Hause zu sein. Wie ist das für Sie? Wie wird sich das insgesamt entwickeln? Werden wir alle wieder viel mehr zu schätzen wissen, was wir in naher Umgebung haben? Spazierengehen und Radfahren, statt den Sonntagsausflug mit dem PKW zu machen?

Was fehlt uns wirklich? Ist das nicht eine spannende Frage, die wir uns alle stellen sollten? Was brauchen wir unbedingt und was war eigentlich schon lange Ballast und wir haben es nur gemacht, weil wir es schon immer getan haben? Was haben wir noch nie gemacht, aber jetzt ist plötzlich die Zeit dafür? Wir haben es ausprobiert und es war wunderbar. Was hat wieder einen neuen Stellenwert bekommen und sollte diesen auch behalten? Gute Gespräche vielleicht, Spiele in der Familie, der gemütliche Filmabend, das Telefonat mit dem besten Freund?

Was fehlt Ihnen wirklich? Jetzt ist die Zeit, auf die innere Stimme zu hören und sich zu fragen: Weiter so wie vorher oder Neuanfang?

Ich war Zeit meines Lebens ein vielseitig interessierter Sportfan, immer selbst aktiver Sportler, 16 Jahre Fußballschiedsrichter, seit 40 Jahren Fan der einzig wahren Borussia am Niederrhein. Ich war bei WM-Endspielen der Eishockey-WM, bei Handballspielen und natürlich oft in Fußballstadien. Noch bis vor kurzem war ich quasi jedes Wochenende als Schiedsrichterbeobachter auf irgendeinem Fußballplatz. Sportschau war Pflichttermin am Samstagabend. In 2020 fand monatelang nichts davon statt und - ganz ehrlich - ich habe auch nichts davon vermisst.

Ich bin dankbar für diese Erfahrung, die ich ohne Corona nie gemacht hätte. Offenbar habe ich zuvor vieles nur noch getan, weil ich es halt immer getan habe – Routine nennt man das wohl. Ich hatte auf einmal so viel Zeit wie nie in meinem Leben.

Welche Konsequenzen ich daraus ziehe? Weiß ich noch nicht, ich suche noch „das Neue", das ich beginnen will. Reaktiviert habe ich z.B. meine Tischtennisplatte, vor allem aber merke ich, dass ich viel intensiver als vorher den Moment genießen kann: Die Sonnenstrahlen in meinem Gesicht, das Summen der Insekten im Baum, die Vögel in meinem Garten. Einfach „sein", anstelle von immer etwas „müssen" – und damit meine ich vor allem, das, was ich mir selber meine auferlegen zu müssen.

Vielleicht geht es Ihnen auch so?
Wir „müssen" viel weniger, als wir gemeinhin glauben, wir dürfen viel mehr sein – glücklich und zufrieden auch mit kleinen Dingen. Ist das eine Veränderung, die Corona mit sich gebracht hat oder kehrt höher, schneller, weiter und vor allem „mehr" bald wieder uneingeschränkt zurück?

Was haben Sie neu begonnen, was reaktiviert, womit wollen Sie aufhören? Wo können Sie weniger „müssen" und mehr „sein"?

Freiraum für Ihre Gedanken

4.5 Erster Schritt

Wer die Welt bewegen will,
sollte erst sich selbst bewegen.
Sokrates

„Das Unternehmen müsste mal..., mein Chef sollte sich mal überlegen, wie er..., ‚Die da oben' wissen gar nicht..."

Ertappen Sie sich auch manchmal dabei, dass Sie solche Sätze sagen oder kennen Sie vielleicht Kollegen, die schon mal solche Sätze sagen? Oder vielleicht den Klassiker: „Man müsste mal wieder..."?

Ich höre das häufiger von meinen Coachingnehmern und ich kann es gut verstehen, doch es bringt mich immer wieder in ein Dilemma. Außer meinem Klienten sind alle anderen gerade nicht da. Wenn ich dann mit einem Lächeln sage, „aber ich frage mich, ob Sie vielleicht etwas tun könnten?", dann ist der Weg oftmals frei zu neuen Lösungsversuchen.

So schön es wäre, wenn die anderen genau das täten, was wir uns wünschen, so selten tritt es ein. Vielmehr müssen wir in der Regel selbst etwas tun, wenn wir etwas ändern bzw. in Gang bringen wollen.

In einer Supervision erlebte ich vor Jahren einen Techniker eines großen deutschen Telekommunikationskonzerns, der sich für ein Coaching vor der Gruppe zur Verfügung gestellt hatte. Es saß mit hängenden Schultern und kraftlos wirkend in seinem Stuhl. Er habe eine tolle Idee, wie man mit all den umherfahrenden Technikerfahrzeugen die Wettervorhersagen dramatisch verbessern könne und damit die Schäden, die durch Gewitter verursacht würden, erheblich eindämmen könnte. Das würde seiner Firma Millionen sparen, aber niemand wolle seine Idee hören. Es gehe ohnehin nur in Kooperation mit den staatlichen Stellen, die für Wetterprognosen verantwortlich sind. Ich war nur Zuschauer und meine Kollegin, die als Coach aktiv war, fragte: „Wen müsstest Du von Deiner Idee begeistern, damit sie ‚fliegt'?" Gut gemeinte Frage, doch die Antwort ließ die letzte Energie aus unserem Klienten entweichen: „Den Bundeswirtschaftsminister."

Sein Ziel schien für ihn unerreichbar, er war Arbeitsebene in einem Konzern, wie sollte er bis zu einem Bundeswirtschaftsminister durchdringen? Doch meine Kollegin hatte eine gute Idee und arbeitete mit dem Modell der Circles of Influence[10]. „Mit wem könntest Du denn darüber sprechen?" war ihre erste Frage und sie begann das Ganze auf einem Flipchart zu skizzieren. Er konnte seinen Chef begeistern und war sich absolut sicher, dass ihm das Gelingen würde. Sein Chef konnte den Abteilungsleiter begeistern und nach wenigen Schritten war er bei dem Leiter seiner gesamten Betriebseinheit angekommen. Seine Augen begannen zu leuchten als er rief: „Und der ist Konzernvorstand und sitzt am Konferenztisch neben unserem Vorstandchef. Unser Vorstandchef geht regelmäßig mit dem Wirtschaftsminister zum Mittagessen." Ein paar Konkretisierungsfragen später war das Coaching beendet. Innerhalb von Minuten hatte sich die Körpersprache unseres Klienten vollkommen verändert, er saß aufrecht, war voller Energie, die Augen strahlten und war kaum aufzuhalten. Sofort wollte er den Einseiter verfassen, mit

---

[10] Die Circles of Influence sind eine Methode, die mit verschiedenen Kreisen, die unterschiedlichen Bereiche darstellt, auf die ich Einfluss nehmen kann. Im innersten Kreis liegen dabei alle Dinge, die ich selbst unmittelbar tun, erreichen und beeinflussen kann (Circle of control).

dem er vorhatte, seinen Chef zu begeistern. Er konnte etwas tun, das war der Durchbruch.

Was letztlich inhaltlich aus seiner Idee geworden ist, weiß ich leider nicht. Ich habe ihn nach diesem Tag nicht mehr wiedergesehen.

Diesen Effekt erlebe ich fast immer, wenn der erste Schritt definiert ist und die Menschen bereit sind, ihn zu gehen. Es gibt eine Art „Kraftschub", weil es sich so viel besser anfühlt, selbst ins Handeln zu kommen, selbst aktiv zu sein, es selbst anstoßen und steuern zu können. Unabhängig von anderen zu sein, fühlt sich gut an.

Deshalb überlegen Sie bitte immer: Welchen ersten Schritt können Sie versuchen? Was können Sie tun, ohne auf andere zu warten? Es muss kein großer Schritt sein – auch kleine Schritte bringen uns voran.

Haben Sie spontan eine Idee?

Großartig, fangen Sie an!

Freiraum für Ihre Gedanken

4.6 Natur

Die Natur gefällt, reißt an sich, begeistert,
nur weil sie Natur ist.
Wilhelm von Humboldt

Es war wie so oft, als ich meinen Rechner einschaltete, die erste Mail des Tages enthielt ein Foto des Sonnenaufgangs. Mein Coachingnehmer war wieder einmal sehr früh aufgestanden und hatte ihn fotografiert. Ein Lächeln huschte über mein Gesicht, denn ich wusste, bei ihm war das kein Zeichen von Schlaflosigkeit, von Grübeln und auch nicht der Versuch, sein enormes Arbeitspensum durch Schlafreduktion zu bewältigen. Markus hat all das hinter sich. Wenn er mir heute ein Foto vom Sonnenaufgang schickt, dann ist das ein Zeichen von Genuss.

Markus war schon immer ein Frühaufsteher gewesen, er konnte einfach nicht lange schlafen. Er hat von 6 bis 10 Uhr am Morgen eine absolut produktive Phase und geht relativ früh zu Bett. Er hatte Phasen in seinem Leben, in denen er sehr viel arbeiten musste, er stopfte jede Minute voll und 14 Stunden-Tage waren eher die Regel als die Ausnahme. Zum Glück ist das lange her. Irgendwann bekam Markus die Chance zum Ausstieg, es war etwa ein Jahr nachdem ich mit ihm ein Coaching begonnen hatte. Er machte sich selbständig, machte sein Hobby zum Beruf und begann ein „neues Leben". Er ließ Themen und Menschen, die ihn nur belastet hatten, hinter sich.

Vor kurzem fragte mich ein Coachkollege, ob ich einen Interviewpartner, der einen erfolgreichen Neuanfang hinter sich habe, wüsste. Ich fragte Markus, ob er Lust auf das Interview habe und er sagte zu. Aus diesem Interview stammt die folgende Passage:

Interviewer: „Du stehst ja noch genauso früh auf wie früher, was genau ist anders?"

Markus: „Weißt Du, alles neu macht der Mai! Dieses Sprichwort ist uralt und früher hätte ich es als lächerlich abgetan. Doch inzwischen gehe ich mit anderen, mit offenen Augen durch die Natur. Draußen blüht im Mai alles, das Grün sprießt, die Vögel zwitschern und die Natur ist voller neuem Leben. Früher ist mir das nie aufgefallen. Ich war immer im „Lauftempo" unterwegs und habe rechts und links des Weges nichts wahrgenommen. Dabei gibt es kaum etwas Schöneres, als mit einem frischen Kaffee in der Morgensonne zu sitzen und die Natur zu genießen, den Sonnenaufgang zu sehen, das wunderbare Licht, das Erwachen der Natur. Ja, ich stehe oft noch genauso früh auf wie früher, nur tue ich andere Dinge und ich tue Dinge, die ich immer schon getan habe, anders. Wenn man mit offenen Augen durch die Welt geht, bietet sie so unendlich viel Inspiration und Kraft, soviel Genuss, es ist wunderbar. Seit ich das erkannt habe, bin ich dem Glück so viel nähergekommen."

Ein Mail mit einem Sonnenaufgangsfoto von Markus – wunderbar!

Wann bekomme ich so ein Mail von Ihnen?

Freiraum für Ihre Gedanken

4.7 Grenzen

Verbringe die Zeit nicht mit der Suche
nach dem Hindernis.
Vielleicht ist keines da.
Franz Kafka

„Das tut man nicht…" oder positiv: „Das gehört sich so!"
Wer kann sich nicht an solche oder ähnliche Sprüche seiner Eltern erinnern? Eltern meinen es gut mit ihren Kindern, das steht völlig außer Frage! Doch sie sind in der
Regel auch die ersten in unserem Leben, die Grenzen in
unserem Kopf implementieren.
„Das ist doch völlig normal!", höre ich Sie sagen. „Grenzen müssen sein!"
Sie haben völlig recht und dennoch heißt das nicht, dass
Grenzen nicht auch negative Auswirkungen für uns haben. Denn nach den Eltern kommen im Leben viele weitere Menschen und Institutionen, die uns Grenzen setzen: Verwandte, Freunde, Arbeitgeber und Vorgesetzte,
Kunden und viele mehr. Viele Grenzen müssen sein, darauf baut unser menschliches Zusammenleben schließlich auf. Unsere Entwicklung fußt jedoch auch darauf,
dass wir vieles ausprobieren, um ein eigenes Erfahrungswissen aufzubauen und zu wissen, was uns guttut und
was nicht. Für diese Erfahrungen muss man manchmal
den Mut aufbringen, Grenzen zu überschreiten.

Eine gute Freundin erzählte mir von einer jungen Frau,
die mit Mitte 20 widerwillig noch bei den Eltern lebt, was
natürlich nicht verwerflich ist. Sie hat Schwierigkeiten, ihr
Studium zu beenden, weil sie nicht weiß, was sie danach
machen möchte. Sie hat Angst, auszuziehen, weil sie
fürchtet, nicht auf eigenen Beinen stehen zu können. Sie

traut sich kein Praktikum zu, weil sie im Unternehmen verloren und hilflos wirken könnte. Sie hat außerdem erhebliche gesundheitliche Probleme, die ich nicht vertiefen möchte.

Überall Grenzen, die zu Ängsten geworden sind. Diese zu überwinden erscheint der jungen Frau aktuell schier unmöglich. Sie ist gefangen in der eigenen Welt, in der sie gleichzeitig allein und unglücklich ist.

Das ist vielleicht ein extremes Beispiel – bei genauerem Hinsehen geht es allerdings vielen Menschen so oder so ähnlich. Anfänglich sinnvolle Grenzen sind irgendwann zu eigenen Begrenzern geworden, zu unüberwindlichen Hindernissen im eigenen Kopf. Sie halten uns gefangen und lassen uns nicht mehr ausprobieren, sondern nur noch im Status quo verharren. Wir bemühen uns, es allen recht zu machen. Wir wollen alle Konventionen erfüllen, weil wir glauben, dass das von uns erwartet wird. Einmal ausbrechen – einen Schritt zu weit gehen und sich dort einfach mal umsehen. Es scheint so schwer…

Und wenn sie tanzt ist sie wo anders
Für den Moment dort wo sie will
Und wenn sie tanzt ist sie wer anders
Lässt alles los nur für das Gefühl
Dann geht sie barfuß in New York
Schwimmt alleine durch Alaska
Springt vor Bali über Board
Und taucht durch das blaue Wasser
Und wenn sie tanzt
Ist sie woanders
Lässt alles los
Nur für das Gefühl

(aus: Max Giesinger / Wenn sie tanzt)

Akzeptieren wir die Grenzen, akzeptieren wir auch, dass wir uns nicht weiterentwickeln werden. Leben aber ist ein lebenslanger Entwicklungsprozess!

Wo sind Ihre Grenzen? Was hält Sie fest? Was würden Sie so gerne einmal ausprobieren, aber…??

TUN Sie es – zurück können Sie (fast) immer!

Die Alternative ist, es nicht zu tun und ein Leben lang etwas nachzutrauern. Das ist viel schlimmer, als etwas gewagt und ausprobiert zu haben, vielleicht einen Schritt zu weit gegangen zu sein und mit einer Entschuldigung zurück zu gehen.

Überwinden Sie Ihre eigenen Grenzen!

Freiraum für Ihre Gedanken

4.8 Berggipfel

Wussten Sie schon, dass die Alpen einen ganz erbärmlichen Anblick bieten, wenn man sich die Berge wegdenkt?
Loriot

„Und plötzlich war es ganz einfach..." - einer meiner Lieblingssätze, insbesondere, wenn ihn meine Klienten sagen.

Diese haben sich vorher oftmals lange mit quälenden Fragen auseinandergesetzt. Soll ich aufhören, mit dem was ich gerade tue? Soll ich so weitermachen wie bisher? Was kann ich anders machen, um zufriedener zu werden?

Solche Fragen stellen sich häufig im Leben und manchmal ist es egal, wie lange wir sie auch diskutieren, eine rechte Lösung finden wir nicht dafür.

Das könnte - bildlich gesprochen - daran liegen, dass wir im Tal stehen und immer wieder die gleichen Bergwände anschauen, die den Ausblick nach allen Seiten begrenzen. Wenn wir eine Situation als unangenehm, kritisch oder gar ausweglos empfinden, dann verengt sich unser Fokus und schnell sehen wir nur noch bis zur nächsten Wand und nicht mehr dahinter. Wenn Sie schon mal in einem engen Bergtal gestanden haben, in dem an allen Seiten die Felsen steil emporragen, können Sie das sicherlich nachempfinden.

Die Enge wirkt in einer solchen Situation oft bedrohlich und nimmt uns buchstäblich den Raum, neue Ideen zu entfalten.

In einem Bergtal kann es helfen, einen der Berge zu erklimmen und plötzlich freie Sicht in die Weite zu haben. Schlagartig wird klar, dass hinter den Bergen die Welt nicht zu Ende ist, dass dort neue Möglichkeiten liegen, die wir vorher nicht gesehen haben. Der Blick in die Weite - über die Gipfel - über die Täler - wie leicht auf einmal alles wirkt. Vielleicht sind das auch Ihre spontanen Emotionen?

Auf dem Gipfel bin ich frei, die einengenden Bergwände der Täler sind verschwunden.

„So ein Gefühl könnte ich auch gebrauchen - frei und ohne einengende Wände links und rechts.", geht Ihnen gerade durch den Kopf. Sie können es haben, auch wenn gerade keine Berge zur Verfügung stehen, sie können sie sich vorstellen.

Im Coaching nennen wir dies Imagination und es funktioniert wunderbar. „Stell Dir einmal vor…", sage ich oft zu meinem Klienten und dann kann er in seine eigene Welt eintauchen. Das funktioniert besonders gut, wenn er eine ähnliche Situation wie die, die er sich vorstellen soll, schon einmal erlebt hat. Dann vermischen sich Erinnerung und Vorstellung und die Bilder im Kopf werden oftmals noch konkreter und klarer. Es geht aber auch ohne Erinnerung, was uns noch freier macht und für die Lösung daher sogar gut sein kann.

Probieren Sie es einmal aus! Wenn Sie wieder einmal das Gefühl haben, nur noch Wände zu sehen, stellen Sie sich vor, wie Sie einen der Berge erklimmen, sich auf dem Gipfel in die Sonne setzen und in die Weite schauen. Sie werden staunen, wie sich Ihr Erleben schlagartig verändert.

Freiraum für Ihre Gedanken

4.9 Ausmisten

Je weniger ich benötige, um frei zu sein,
desto freier bin ich.
Werner Mitsch

Seit Wochen räumen meine Frau und ich unser Haus auf. Zwei Kinder, drei Umzüge mit Kindern, immer größere Häuser, immer mehr Platz, alles muss mit – nach 25 Jahren hat sich unendlich viel angehäuft. Zeit, Platz zu schaffen – verschenken macht Spaß (hunderte von Büchern zum Beispiel).

So läuft es meist auch in unserem Leben insgesamt – wir sammeln immer mehr Aufgaben, immer neue Ämter und Verpflichtungen, etc. – und was geben wir wieder ab? Nun ja, aufhören oder loslassen ist für viele Menschen nicht einfach und plötzlich kommt dann die Erkenntnis: Es ist zu viel! Der Stress holt uns ein und häufig ist dabei gar nicht klar, wo genau er herkommt. Die Zeit wird knapp, oft zu knapp und ich selbst bleibe mit meinen Bedürfnissen dann schnell auf der Strecke.

Ist dieser Zustand erstmal erreicht, geht es häufig ganz schnell, haben mir schon viele meiner Klienten berichtet: Mir wird alles zu viel, ich habe keine Motivation mehr, meine Arbeit wird schlechter, ich mache mehr Fehler, die Kritik steigt, mein Umfeld ist unzufrieden mit mir, ich selbst übrigens auch – willkommen in der Abwärtsspirale.

Immer wieder arbeite ich mit Menschen in ähnlichen Situationen und stelle Ihnen nach der Bestandsaufnahme dann vier Fragen:

Wovon willst Du mehr machen?
Womit möchtest Du neu anfangen?

Was möchtest Du anders machen und wie?
Womit hörst Du auf?

Sie ahnen es bereits: "Womit hörst Du auf?", bleibt meist sehr lange leer.

Aufhören – loslassen, das ist eine wichtige Kernkompetenz – jedem Ende wohnt ein neuer Anfang inne – aber ohne Ende auch kein neuer Anfang!

Eine kleine Geschichte dazu:

Mein Freund Klaus war sein Leben lang ein engagierter Sportler. Er ist beliebt, klug und redegewandt. Irgendwann wurde er gefragt, ob er sich im Vorstand seines Sportvereins engagieren möchte. Er sagte zu, er hatte Spaß am Gestalten und startete mit vielen Ideen. Wenige Jahre später war er erster Vorsitzender. Heute klagt er oft: „Ich habe eigentlich keine Zeit mehr dafür, meine neuen Mitstreiter ziehen nicht mit, ich bräuchte mehr Zeit für meine Kinder…".

„Dann tritt doch zurück!", rief ich ihm zu. „Nein, das geht nicht, weil…!"

Ich erspare Ihnen die Argumente.

Misten Sie aus – sowohl materiell als auch in Ihren Aufgaben, Funktionen, Tätigkeiten, Prioritäten – Sie haben nur ein Leben und nichts darin ist unendlich. Aber klar ist, dass Sie es selbst tun müssen, diesen Service kann man nicht buchen!

Was Sie nicht glücklich macht, kann weg!

Was Sie ständig unglücklich macht, muss weg!

Bitte keine Ausreden mehr! Es ist Zeit für einen neuen Anfang!

Freiraum für Ihre Gedanken

4.10 Guten Morgen Majestät!

Erwarte nicht, dass andere dein Leben bereichern.
Das ist deine Aufgabe.
amerikanisches Sprichwort

Eine Freundin erzählte mir von einem wunderbaren Traum, den sie geträumt hatte. In diesem Traum wachte sie auf, an ihrem Bett stand ein junger Mann in Diener-uniform und begrüßte sie mit den Worten: „Guten Morgen Majestät, hier ist Ihr Guten-Morgen-Kaffee!" Dann wachte sie leider auf und war natürlich allein.

Was für ein schöner Gedanke das doch ist, aufzuwachen mit dem Kaffeediener am Bett. Noch vor dem Aufstehen werde ich verwöhnt und man begegnet mir mit Hochach-tung und Wertschätzung. Dann werde ich den ganzen Tag hofiert und mir geht es gut.

Immer wieder erlebe ich Menschen, die sich genau das wünschen und das Ergebnis dieses Wunsches liegt auf der Hand – es hagelt Enttäuschungen. So sehr dieser Wunsch nach externer Anerkennung und Wertschätzung auch verständlich ist, so sehr muss man sich auch klar machen, dass er nicht realistisch ist. Wer sollte das sein, der so auf Sie fixiert ist, dass er ständig mit Anerkennung zur Stelle ist?

Es ist auch gefährlich, sich dieser Hoffnung hinzugeben, denn damit würden Sie sich gleichzeitig in eine Abhän-gigkeit begeben. Automatisch würden Sie die Dinge tun, die zu der gewünschten Wertschätzung führen, damit wä-ren Sie leicht zu steuern und zu manipulieren, was vielen Menschen leider auch widerfährt.

Mir fällt dennoch jemand ein, der Sie jeden Tag wertschätzen könnte, Ihnen auch? Genau, Sie sehen ihn jeden Morgen im Spiegel!

Sie müssen sich ja nicht gleich jeden Morgen mit „königliche Hoheit" begrüßen (warum eigentlich nicht?), aber Sie können sich jeden Morgen mit Wertschätzung fragen, was Sie, der beste Mensch, jetzt gerade Gutes für sich selbst tun können.

Damit ist schon viel gewonnen, denn das Schlimmste, was ich in meinen Coachings leider immer wieder erlebe, sind Menschen, die an sich selbst nichts Gutes mehr finden können und sich dann selbst abwerten. Ich bin nichts, ich kann nichts, ich bin nicht gut genug. Diese Abwärtsspirale nimmt nie ein gutes Ende.

Also seien Sie selbst der Mensch, der Sie jeden Tag königlich empfängt, umsorgt und schaut, was Ihnen jetzt gerade guttut. Achten Sie auf sich und machen Sie sich nicht von anderen abhängig.

Und wenn Ihnen das mit dem Kaffee so gut gefällt, programmieren Sie doch abends einfach die Zeitschaltuhr und richten die Kaffeemaschine. Wenn Sie dann morgens beschwingt die Küche betreten und zu sich selbst „Guten Morgen Majestät" sagen, ist der Kaffee schon fertig.

Probieren Sie es aus – es fühlt sich wunderbar an.

Freiraum für Ihre Gedanken

4.11 Die Pflicht ruft

Manchmal wirken Pflichten auf die Seele
wie Unkraut auf eine Blume.
Sie verdrängen sie.
François de La Rochefoucauld

Ich bin sicher, Sie sind auch schon mal mit diesem Spruch auf den Lippen aus dem Haus gegangen: „Die Pflicht ruft!"

Meist sagen wir das halb scherzhaft. Halb? Genau – halb scherzhaft!

An einem guten Tag ist es vielleicht nur so eine Redensart, sie geht uns locker über die Lippen, wir fühlen uns wohl und gehen gerne zur „Pflicht", welche auch immer es gerade ist: Beruf, Ehrenamt, Elternversammlung, etc. An Tagen wie diesen ist alles gut.

Meine Erfahrung ist jedoch, es gibt auch die anderen Tage, die Tage, an denen es wirklich nur das Pflichtgefühl ist, das uns treibt. Oder noch schlimmer, es ist die empfundene Verpflichtung, die uns das tun lässt, was wir gerade tun: Ich muss doch Geld verdienen, ich muss doch den Ansprüchen der anderen gerecht werden, das Projekt muss doch fertig werden. So könnte ich noch eine Weile weitermachen. An solchen Tagen hat der Spruch „die Pflicht ruft" nichts leichtes mehr an sich, er wird für viele Menschen zu einem zentnerschweren Gewicht, welches auf ihren Schultern lastet. Und eines berichten meine Coachingnehmer immer wieder: Beginnt ein Satz mit „ich muss", kommt selten etwas Gutes dabei heraus. Fehlt der Spaß, sind die Ergebnisse oft unbefriedigend, passieren viele Fehler, fehlt es an Lebensfreude.

Deshalb steckt in dem Spruch „die Pflicht ruft" viel mehr, als man auf den ersten Blick glaubt. Die Pflichten werden nämlich meist dann zu viel, wenn keine oder zu wenig Zeit für die Dinge übrigbleibt, die man nur für sich tut: ich nenne das ICH-ZEIT[11]!

Viele meiner Coachingnehmer, die ja oft gerade deshalb den Weg zu mir finden, weil sie sich in einer für sie schwierigen und als Überlastung empfundenen Situation befinden, können die Frage nach ihrer Ich-Zeit spontan gar nicht beantworten. „Ich-Zeit? Was ist das?" Okay, dann machen wir uns gemeinsam auf die Suche!

Was tun Sie nur für sich? Und Achtung – seien Sie ehrlich zu sich selbst. Ich höre oft den Klassiker: „Ich spiele mit meinen Kindern." Hier hake ich ein und frage nach. Meistens stellen meine Coachingnehmer fest, dass das doch keine Ich-Zeit ist, sondern eher eines der vielen erlebten Muss-Elemente, z.B. so: „Na, in der wenigen Zeit, die ich habe, muss ich doch wenigstens mit meinen Kindern spielen." Sehr anerkennenswert, aber Ich-Zeit? Nein!

Also, zweiter Versuch: Was tun Sie in Ihrer Ich-Zeit? Was tun Sie nur für sich, weil es Ihnen guttut, weil es Sie erfüllt, weil es Sie entspannt, weil es Sie glücklich macht? Niemanden sonst!

Ich-Zeit ist ungemein wichtig, denn fehlt Sie uns, werden über kurz oder lang die unvermeidlichen Pflichten des Lebens zu dominant und wir werden unzufrieden, unleidlich für unsere Mitmenschen und schließlich für uns selbst.

---

[11] Siehe auch den Impuls 4.1

Deswegen müssen Pflichten manchmal warten, weil jetzt gerade ICH-ZEIT ist – dann könnte der Spruch auch lauten: „Die Pflicht ruft, sag ihr, ich rufe zurück.“

Freiraum für Ihre Gedanken

5 Zum Abschluss

*Ein Weiser gibt nicht
die richtigen Antworten,
sondern er stellt die richtigen Fragen.*

Claude Levi-Strauss

5.1 Die Indianergeschichte

Die Seele hat die Farbe deiner Gedanken.
Marc Aurel

Die folgende Geschichte ist nicht neu, sie ist im Gegenteil in vielen Sammelbänden über Geschichten, die zum Nachdenken anregen sollen, enthalten. Sie wird von vielen meiner Trainer- und Coachkollegen erzählt und auch ich habe sie schon vielen Klienten mit auf den Weg gegeben.

Für einen Autor, der in der Karl-May-Stadt Bad Segeberg, in der jedes Jahr 72-mal eine wunderbare Indianergeschichte unter freiem Himmel erzählt wird, lebt, gibt es jedoch kaum eine schönere Geschichte, ein solches Buch abzuschließen, als diese.

Jeder erzählt diese Geschichte in Nuancen anders und gibt ihr so seine persönliche Note. Hier ist meine Version:

Als die Sonne hinter den Bergen langsam unterging und im Dorf der Indianer die Ruhe einkehrte, brannte das Lagerfeuer friedlich vor sich hin. Der Große Bär, stolzer Häuptling dieses Stammes, und der junge Krieger Wilder Fuchs schritten gemächlich durch das Indianerdorf und setzten sich schließlich an das wärmende Lagerfeuer. Als der Häuptling den prächtigen Federschmuck, das Zeichen seiner Häuptlingswürde abnahm und neben sich auf den Boden legte, saßen am Lagerfeuer nur noch ein Großvater und sein Enkel.
„Weißt Du", begann der Häuptling und sah seinen Enkel an, „in meinem Kopf kämpfen ganz oft zwei Wölfe

miteinander. Der eine ist ein junger, ein wilder Wolf. Er ist voller Energie und Aggressivität, er ist stark und angriffslustig. Der andere ist ein alter Wolf, der eigentlich nicht mehr kämpfen will. Er ist weise und listig."

"Das finde ich spannend, Opa.", erwiderte der Wilde Fuchs. "Sag mir, welcher Wolf gewinnt den Kampf?"

Der alte Häuptling schwieg eine Weile, dann legte er seinem Enkel liebevoll die Hand auf die Schulter und sagte:

"Es gewinnt immer der Wolf, dem ich Futter gebe."

In diesem Sinne, denken Sie daran, Ihre Gedanken bestimmen Sie selbst – die Gedanken sind frei.

Füttern Sie den richtigen Wolf.

Freiraum für Ihre Gedanken

194

Nachwort und Ausblick

Ich hoffe, Sie haben den ein oder anderen Impuls für sich als hilfreich empfunden, daraus Schlüsse gezogen und umgesetzt. Ins **TUN** kommen ist immer die wichtigste Voraussetzung, um tatsächlich etwas zu verändern, insbesondere zu verbessern.

Wenn dem so ist, freue ich mich und mein Ziel, das ich mit diesem Buch verfolgt habe, ist erreicht. Bei der Vielfalt der Menschen habe ich keinesfalls den Anspruch, dass jeder Leser aus jedem Impuls für sich etwas ableiten kann. Das halte ich schlicht für unmöglich. Wenn jedoch jeder für sich einige wenige Handlungsimpulse gewonnen hat, ist das wunderbar.

Sie haben vielleicht beim Lesen schon geahnt, dass neben meinen vielen Coachingerlebnissen auch viele eigene Erfahrungen, Erlebnisse und Erkenntnisse Eingang in dieses Buch gefunden haben, auch wenn sie nicht als solche identifizierbar sind.

Man kann nie auslernen, das ist bekannt. Man kann auch über sich selbst immer noch dazulernen und Neues erfahren. Dafür muss man neugierig bleiben und offenen Blickes und offenen Herzens durch das Leben gehen. Dann gibt es überall Neues zu entdecken und auch andere Perspektiven auf Altbekanntes.

Ich werde das weiterhin tun, damit ich meinen Klienten und auch mir diese neuen, anderen Perspektiven immer wieder anbieten kann. So wird es nie langweilig werden, darauf freue ich mich. Und ich werde Sie – wenn Sie es denn möchten – wieder teilhaben lassen. Es wird also mindestens einen zweiten Band mit weiteren Impulsen geben.

DANKE für Ihre Zeit, DANKE fürs Lesen!

Wenn Sie Lust haben, mit mir ins Gespräch zu kommen, freue ich mich sehr darüber: post@marioporten.de

*Lass Dich nicht gehen,
geh selbst.*

Magda Bentrup

Wir müssen das, was wir denken, auch sagen.
Wir müssen das, was wir sagen, auch tun.
Und wir müssen das, was wir tun, dann auch sein.
Alfred Herrhausen

Über den Autor:

Über 20 Jahre hat Mario (Jhg. 1967) im Bankensektor gearbeitet und war zuletzt Vorstandsvorsitzender einer großen Sparkasse. Neben zahlreichen Fusionen prägten Vertriebs- und Sanierungsthemen seinen Berufsalltag, der ihn insgesamt durch vier Bundesländer führte. Er war Keynote-Speaker auf Fachtagungen und Autor diverser Fachartikel.

Seit mehr als 10 Jahren arbeitet Mario als selbständiger Führungskräftetrainer und Business Coach. In unterschiedlichen Formaten vom Einzelcoaching bis zu Großgruppenveranstaltungen hat er seitdem hunderte Führungskräfte begleitet. Das Unternehmensspektrum reicht dabei vom kleinen Mittelständler bis zu DAX-Konzernen. Marios Weg zum Business Coach wurde durch eigene positive Coachingerfahrungen als Klient, die er in seiner Zeit als Bankvorstand gemacht hat, inspiriert. Er ist Vater von zwei erwachsenen Kindern und lebt mit seiner Frau seit fast 20 Jahren in Schleswig-Holstein.

www.marioporten.de

post@marioporten.de

Weitere Publikationen von Mario Porten:

Mario Porten (Hrsg.): Was Führungskräfte und Mitarbeiter vom Spitzensport lernen können, Gabal Verlag, 2006
ISBN 3-89749-653-4

Mario Porten: Banken-Coach für den Mittelstand, Verlag Pro Business GmbH, 2010
ISBN 978-3-86805-637-2

Wir sind das Team von

MP

Mario Porten

Trainer und Coaches
Sparringspartner und Wegbegleiter
Zuhörer und Berater
Impuls- und Ideengeber
Einfach für Sie da.

**Wir machen Menschen zufriedener
und dadurch auch erfolgreicher.**

www.marioporten.de
post@marioporten.de